100円ちゃりんちゃりん投資

100円が101円に
なれば大成功!

ishikawa takayasu
石川貴康

プレジデント社

はじめに

さてさて、大変な時代になりました。お金がバンバン使えた時代、誰でも右肩上がりに豊かになれた時代は終わってしまったようです。仕事がたくさんあって、給料も上がって、素敵なモノが溢れ、工夫しなくてもお金があった時代は終わりました。懐かしいですね。

最近、いろいろな方と話すと「お金がない」「給料以外のお金が欲しい」「投資したいけど、どうすればいいのかわからない」といった、会話が多くなったような気がします。

そりゃあ、給料だけじゃお金はなくなりますよ（もちろん、すべての人じゃないですが）。なぜなら、企業は利益を上げなきゃいけませんから。給料はできるだけ少なく、生かさず、殺さずの額しか払いませんよ。その上、税金も上がるし、社会保険料も公共料金も上がる一方。さらに、物価まで上げようっていうんですからね。

こりゃあ、お金を増やすようにしないと。「でも、お金がない」「できない、どうすればいいの？」という声が聞こえます。

また「たくさん本を読んでも、心構えばかりだし、具体的にどうするの？」という声も聞こえますね。心構えは大事ですが、心構えだけじゃお金は増えませんよね。読んだ気になって行動しなきゃ、結果はゼロです。

泳ぎ方の心構えを読んで泳げる気になっても、泳がなかったら泳げないのと一緒。

本書は心構えではなくて、泳ぎ方、投資の仕方の実にハードルの低いところをお伝えします。本文のポイントになる箇所は、著者（石川）がイラスト**として登場します。**

まず**目標。**

１００円が１０１円になったら万々歳（それ以下でも、増えればＯＫ）

だいたい投資と言うと大金をつかむことを考えるから、自分と関係ない世界と思うのです。でも**投資って「投じたお金が増えて戻ってくるもの」と考えれば、１００円が１０１円になれば大成功でしょ。自分で労働しないで、お金に働いてもらって増えるなら、もう立派な投資。額は関係ない。あなたはお金を増やした。それでＯＫと考えましょう。**

１００円が１０１円になる経験をすれば「投資」の世界が開けます。

さあ、お金を増やす旅が始まりますよ。方法はいろいろあります。本書は、その方法を示しています。まず一歩踏み出し、行動してみましょう。とにかくお金を増やす経験をすること。少額でもいいから、増やしてみましょうよ。楽しいですよ。

次に**投資額**。

１００円台から（我が家なんて週２０００円からの投資をやっていますよ！）

投資と言うと高額の金額を考えるから、できなくなるのです。投資しているのを忘れてしまうような金額からスタートしましょう。

１００円台からできます。子どもの小遣い程度の額なら３０００円、５０００円だってOK。もっと増やして１万円でも良いし、もっともっと増やしても良い。でも、あんまり高額だと怖いし、だいたい続かないでしょう。

では続けられる金額で、投資しているのも忘れてしまう金額でやりましょうよ。

本書では、週200円の投資で、20年後11万円を超えるお金の残り方を例示しています。200円なんてやっていることすら忘れちゃいます。**月3000円～5000円で、20年後に投資総額100万円が200万円になった実例も出ています。毎月1万円投じることで、年間で13万円戻ってくるケースもあります。私の結婚資金は、月1万円の投資が出してくれました。**

どれも、投じたお金が増えて戻ってきています。こうした実例をいくつか紹介します。実は、ほとんどが私や我が家でやっている事例ばかりです（その点、考えや生活が透けて見えるようで恥ずかしい……）。

額が少なくても、いいじゃないですか。続けられる金額で、結果増えて戻ってくれば。もちろんリスクがありますよ。いい大人なんだから、自分で判断してくださいね。自分で考え、選んで、行動を起こしてみるのもいいと思いますよ。

それから、**本書では、ポイントカードのポイントも、お金と同義と考えて、「現金等価物」としています。なぜなら、ポイントで買い物できるのですから、立派なお金と言えるでしょう。**

だったら、ポイントを貯めない手はない。どんどん貯めましょうよ。

財布がパンパンだって？　断捨離だって？　ミニマリストを目指すって？

なにをバカなことを。せっかくお金＝ポイントが増えるのにそれを捨てるのですか？お財布パンパンでいいじゃないですか。私なんて、パンパンですよ。常時30枚以上のカードが入っています。スマートなお財布でなにか得します？　**いいじゃないですか、カードだらけで。カードを持って、ポイントをどんどん貯めましょうよ。**

この「はじめに」は、ドトールコーヒーで書いています。今日はドトールバリューカードでもらったポイントでカフェ・ラテです。お金がお金を生んだポイント（＝現金等価物）

で私は一杯のカフェ・ラテを手に入れました。とっても得した気分です。

本書では、１００円台からできる積立投資としての「ちゃりんちゃりん投資」から始まり、額を増やしたいろいろな投資の紹介やポイントカードを使い切る例をたくさん例示しています。また、お金を使わずに豊かに暮らす方法もいくつか紹介しています。昔の人なら「みっともない」と言いそうなことが、実はとても豊かなことだったのですね。おさがり、家飲み、預けっこ、物々交換などですよ。これらが、なんと豊かなこと。

豊かに暮らすには、人とのつながり、心のつながりも重要な要素です。その要素をいくつか加えて、少しでもいいから投資してお金を増やし、豊かになる第一歩を具体的に示しました。

でも、もっと規模の大きい投資を知りたい方は、私の他の本や世界的な大投資家たちの本をお読みになることもいいと思います。

しかし、そう慌てずに。泳いだこともないのに、いきなり遠泳はできません。登山経験もなく、いきなり冬のチョモランマやアイガーの北壁には登れません。死んじゃいますよ。

登山する前に、まずは丘の散策から始めてもいいでしょ？　丘の散策が楽しくなれば、次はトレッキング、日帰り登山、と進んでいけばいいのです。丘の散策でとどめても問題ない。まずは、リスクを小さくして、小さくやってみる、ですね。死なないように、ね。

投資は楽しいものです。投じたお金が増えて戻ってくる。

少額でいいから体験してみてください。楽しいですよ。まずは１００円が１０１円になればいい、少額からで十分、具体的にやってみると世界が広がるでしょう。

さあ、あなたも少額から投資して、１００円が１０１円になったら大成功と考え、お金にお金を生ませましょう。小さくてもいいのです。

本書が、みなさんのお金が少しでも増えることにお役に立てば光栄です（でも、投資の結果は保障できませんから、投資は自己責任でね）。

さあさあ、「ちゃりんちゃりん投資」の旅のはじまり、はじまり～。

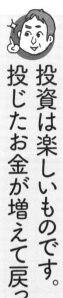

目次

第1章 お金の性質を生かして増やす 石川式投資法

第2章

ライフスタイルをちょっと変えるだけでお金は増える！

第3章

食わず嫌いは大損！いますぐ投資にトライ

第４章 ファット財布上等！ いま持つべきカードはコレ！

第5章 オカネイラズの時代が再びやってきた!

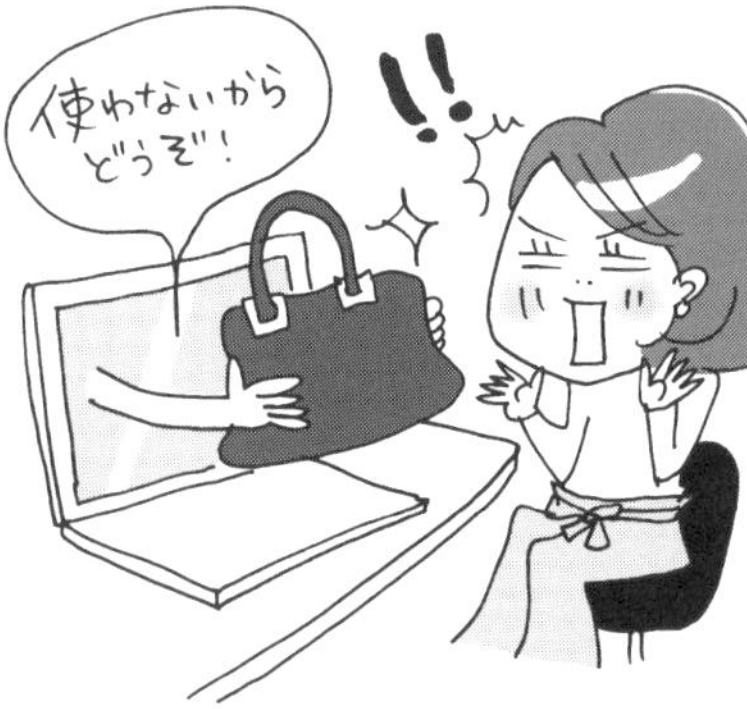
使わないから
どうぞ！

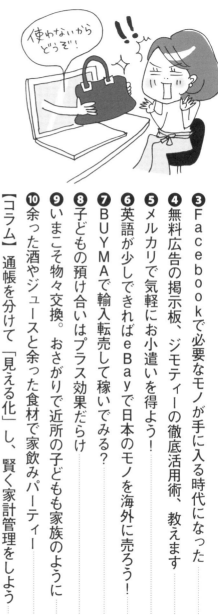

本書は、2017年2月末現在の
情報に基づいてつくられており、
その後数字の変更や改定がある場合があります。
あらかじめご了承ください。

カバー・本文イラスト／すぎうら　ゆう

第1章

お金の性質を生かして増やす石川式投資法

銀行に預けても お金は増えないし
でも 投資は こわいしー
ギラ ギラ
節約しかない
スーパーセール
それじゃあ お金は 増えませんよ
キャー
誰!?
フフフ
投資で大成功
石川と申します
コツコツ 投資で貯金を 増やして きました
コツコツ投資で 貯めて買ったんです
ポイントカードだって 投資なんですよ☆ いろいろ説明しますよ
ビバ 投資
石川先生 いろいろ 教えて ください
キャー

❶ お金は勝手に増える性質を持っている

「お金は使わなければ損。お金は勝手に増える性質を備え持っている」

私がこのような説を唱えたら、あなたはどう思われますか？

そんなのウソ。お金なんて使ったら使った分、消えるだけ。むしろ勝手に消える性質を持っている。お金が勝手に増えるのなら、こんなに苦労はしない。

そう考える方が多いかもしれませんね。

しかし、ここではっきりと断言しましょう。**お金とは、もともと勝手に増える性質を備えています。増えていくのが本来の性質なのです。**

ただし、それには**一つだけ条件があります。その条件とは、お金をどこかに投資すると**

いうことです。

お金をどこかに貯めこんでおくだけでは、お金の価値は増えません。逆に、もともと持っていた価値が損なわれてしまいます。ましてやインフレになったら、もう悲惨です。手元に貯めていたお金の価値は大きく目減りし、どんなに嘆いてもその価値がもとに戻るチャンスはほとんどありません。

では、投資をしたらどうでしょうか。投資にお金を使ったら、増えて戻ってくるのです。これは、資本主義になる前、古代からの〝お約束〟です。メソポタミアでも、古代ローマでも、大航海時代でも、江戸時代でも、投資すればお金は増えて戻ってきたのです。これが、経済上のお約束。

お金がなくなる危険があるじゃないか、という反論が聞こえてきそうです。その意見は、あながち的外れでもありません。リスクはありますよ。でも、お金がちゃんと増えていく方法はあります。そんな投資法を選べばいいのです。

選ぶ道筋さえ間違わなければ、お金はもともと持っている「勝手に増えていく性質」を発揮して、ちゃっかりと増えていきます。そんな詐欺のようなうまい話はない？　そんなことはありません。探せばあります。あなたのすぐ目の前に転がっています。

この本では、そうした投資方法を選び抜きました。これでもうあれこれ探す必要もありません。確信を持ってオススメできる方法ばかりです。

2 100円が101円になれば大成功！

投資に対する間違った考えの多くは、短期間で大きな成果を得ようとする焦りの姿勢から始まります。世の中には、100円がすぐに1万円に化けるような、インスタントで都合のいい方法はありません。あったら、それこそ詐欺やインチキです。もしくは賭博？

そうではなく、

100円が101円に増えれば大成功

だと考えましょう。1円でもプラスはプラス。投じたお金が少しでも増えれば、それはもう立派な投資なのです。

いまは、**あまりオススメはしませんが、日本の銀行への預金も投資の一つ**です。

世間一般では、「銀行預金イコールお金を貯めること」と考えられていますが、それは大間違い。私たちが銀行に預けたお金は、銀行の奥に設置されている金庫に静かに眠っているわけではありません。**銀行は私たちから預かったお金を企業や店、個人などに貸し付け、また国債の購入に充てています。運用して利益を挙げ、その見返りとして私たちに（非常に少ないですが）利子を支払っているのです。**ほら、増えて戻ってくるでしょう。これは、貸付投資という投資なのです。まあ、難しく考えなくていいですけどね。

私たちは銀行に預金という名前で貸付投資を行い、元本に利子を足して、返してもらっているのですね。

いまから30年近く前、１９８０年〜１９９０年代には、銀行の定期預金の金利は５〜６％でした。郵便貯金の10年定期預金の金利はさらに高く、８〜12％の時代もありました。

普通預金の金利が０・００１％の水準にまで落ち込み、定期預金の金利も０・０２％程度しかない現状を考えると、夢のような数字ですが、当時は誰もがそれを当たり前だと考えていました。**銀行預金や郵便貯金は、堅実かつ高利回りの投資法であり、誰もが気軽に始められる身近な投資法だったのです。**

しかし、もうそんな時代が戻ってくる可能性は低い。いまの時代にはいまの時代にふさわしい投資法があります。１００円が１０１円に増えれば大成功と書きましたが、いま銀行に１００円を１年間預けても金利は１円にもなりません。いまの時代に合った、もっと賢明な投資方法を選びましょう。

❸ 小金でも大丈夫、堅実に増えればいいと考えよう

いまの世の中、

私たちが目指すべき投資方法とは、元本を損なうリスクが少なく、確かな利回りのある投資方法です。

利回りについては、決して欲張ってはいけません。

インターネットの世界では、「これだけで利回り20％」とか「1日に10分作業をするだけで、1万円の報酬が得られる投資がある」などという、怪しげな情報が氾濫していますが、そんなうまい方法など100％ありません。

怪しげな投資やリスクの高い投資に耳を傾けることなく、気軽に始められて、かつ堅実な投資方法に照準を合わせましょう。投資とは、言葉を換えれば「価値を新たに創造すること」。**くどいようですが、100円の投資が101円になって、1円増えれば、それは**

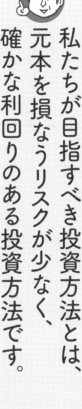

「価値が生まれた」ということ。立派な投資です。

100円が101円にしかならないのであれば、最初にもっと大きなお金を投じた方がいいのではないか？　最低でも100万円ぐらいを投じなければ意味がないのではないか？

そんなことはありません。小金でもいいのです。1万円でもいい。5000円でも3000円でもいい。いえ、1000円、さらに少なく、500円からでも構いません。

大事なのは、**気軽に始められる堅実な投資方法を選び、そこに無理のない金額、生活に支障のない範囲内の金額を投じる**ことです。そのアクションが、お金の価値を地道に増やし、将来のあなたに「安心」を与えてくれます。

最悪なのは、タンス預金です。押し入れの奥にしまったり、金庫を買い、その中にお金をしまったりしておく行為は、何も生み出しません。

いえ、下手をすれば、価値を減らしてしまいます。慎重な姿勢は大事ですが、**タンス預金には意味がない。もしへそくりで貯め込んでいるお金があったら、すぐに取り出し、投資に充てましょう。**お金を救い出し、増えたがっているお金の性質を生かしてあげてください。

❹ 雨の日も風の日も少額投資は続けること！ 忘れちゃえばもっといい

自分ができる範囲内で気軽に投資を始めたら、いっそのこと、投資したことなど忘れてしまうことをオススメします。意識から消してしまうのです。

言い換えれば、**投資をしたことなど忘れられるような金額で始めるのが一番いい**ということです。

人間とは現金なもので、投資した金額が大きいと頭からお金のことが離れなくなります。金額が大きくなればなるほど、その傾向が強まります。

10万円も投じたのに、ほとんど利益が出ない、100万円投資したら結果が気になって仕方がないなど、頭の片隅にいつも必ず「投資」が住み着いてしまうでしょう。

これが、**500円、1000円からできる少額投資ならどうでしょうか。喫茶店でコーヒーを飲んだり、ランチを食べたりすればすぐになくなる金額ですから、気になりません。月3000円くらいなら子どもの小遣い程度。投資に使ったことも、すぐに忘れてしまい**

ます。

銀行口座からの自動引き落としなら、なおさらです。自分が意識する間もなく、口座から投資先へと振り込まれるので、意識から消え去ることは間違いなし。

具体的に投資金額が毎月３０００円だったとしましょう。口座からいつ落ちるのか、いつ引き落とされたのかわからないし、そもそもほとんど気にしていないという人が大半だと思います。

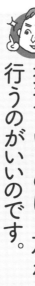

はっきり言います。

投資というのは、忘れるぐらいの金額で行うのがいいのです。

メンタルに影響なく、平穏にその間を過ごすことのできる金額で臨むのが一番。気になって仕方ない金額を投じるのは間違いです。

私なんて、毎月３０００円で始めた投資があります。投資しているのさえ、忘れちゃう金額。負担がないから、気にもならず20年続けています。投資総額は約１００万円になりますが、いまは２００万円に増えています。知らない間に、この投資は投資額の２倍に増えました。

ずっと引き落としなので、まったく気に留めていませんでしたが、気がつけば、2倍。

さあ、**忘れられる金額で投資生活を始めましょう。**実はこれは、純金積立。純金積立については第3章で詳しく紹介しています。

❺ 使いながら使えるお金が増えるのも投資

本書では、使っているうちに「使えるお金」が増えてしまう。そんな投資法も取り上げました。

そんな手品のようなことがあるわけない？　いえいえ、ちゃんと存在します。あなたのお財布には、それがたくさん入っているはず。持っていない人を探す方がきっと難しいと思います。

答えを先延ばしにするのは、これぐらいにしましょう。正解は、**ポイントカード。これもまた、一つの投資だと考えてください。**

言うまでもありませんが、お店が発行しているポイントカードは、一定金額を使えばポイントが貯まっていきますよね。例えば、100円で1ポイントがつくポイントカードなら、1万円使うと100ポイント。この100ポイントを100円分として買い物する際に使えたり、クーポン券に交換できたりするのであれば、最終的には1万円が1万100円になったと考えられます。

つまり、**あなたは1万円を使いながら100円の利回りを手にしたことになります。**これを投資と言わず、何と言いましょう。ポイントカードとは、使っているうちに使えるお金が増える投資法なのです。

あなたがよく利用しているお店がポイントカードを発行しているのなら、必ずポイントカードを作りましょう。そして欠かさず使うこと。

あまりにポイントカードが増えすぎてしまったので、断捨離したい？

その考えこそ断捨離すべき。利用する機会が多い店のポイントカードは持つ、そして必ず使う。絞り込む必要などありません。世の中、ミニマリズムが賞賛され、モノを持つことが悪いことであるかのように喧伝されていますが、そんなにミニマリズムっていいですか？　格好いいですか？

ポイントカードがたくさんあってもいいじゃないですか。

私の財布は、ポイントカードでパンパンです。それが何か？

もちろん、ポイントを貯めることを目的に買い物をするのは本末転倒ですが、**普通に買い物をしてポイントが貯まる分には、カードがたくさんあっても問題はゼロ。それどころか、メリットはたくさんあります。**

6 「金ですべてが解決できる」時代はもう終わり!? ゼロ円で楽しむ術もある

お金で解決できない問題はないと言われます。お金で世の中の問題の大半は解決できるとされています。

でも、2017年のいま、そろそろその説は疑った方がいいかもしれません。逆に、年齢が上がると、お金で解決できない問題も増えていきますよと、こっそり警告しておきましょう(笑)。

まあ、それはさておき、**本書では少額でできる投資法を紹介していますが、投資と同時に、私はお金がなくても楽しめる生活術を提唱しています。**

確かに、お金があればいろいろな面倒やトラブルは回避できますが、お金がなくても問題を解決できる道筋はある。お金がなくても可能な、より生活が楽しくなる解決策はあるのです。

例えば、物々交換です。昔から何かほしいモノがあれば、人間はそのモノを持っている人と交渉し、その人がほしがるモノを提供して、自分の望みをかなえていました。物々交換を通して、望むモノを手に入れていたのです。

その知恵をいまこそ取り入れてみませんか？　あなたに小さなお子さんがいるとします。急に出掛けなくてはならない用事ができたけれど、子どものことがどうしても気になる。こんなとき、お金を出してベビーシッターを雇うという方法以外の選択肢も考えてみましょう。そう。近所の人に頼むのです。自分が子どもを預けたら、次は自分が預かることで、お互い様。子どもの世話は「モノ」ではなくサービスですが、これも一種の物々交換と言えるのではないでしょうか。

この物々交換を支えているのは信頼です。信頼があるからこそ交換行為が成立します。自分の人間関係、生活している地域を見渡し、信頼という無形の通貨を使えば、さまざまな問題を解決できます。

ゼロ円で楽しく過ごす術は必ずあります。

「金こそすべて」が私たちの親の世代の価値観だったとすれば、「信頼こそすべて」が私たちの価値観。お金がなくてもできることがたくさんあるとわかれば、投資もずっと気軽に行えます。

人を信じ、人と人との信頼関係を築き上げながら、平穏に投資生活を満喫しましょう。

第2章

ライフスタイルをちょっと変えるだけでお金は増える!

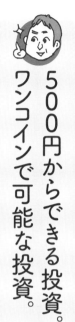

❶ 生協で500円積み立て！ 買い物している間に小金が貯まってニコニコ

500円からできる投資。ワンコインで可能な投資。

これらは、ウソでも冗談でもなく、本当に実在する投資法です。

その筆頭が、**生協の出資金**。生協に出資すると、市中の銀行に預けておくより、はるかに高い利回りを得られることをご存じですか？

生協の出資金は、実に魅力的な投資なのです。

生協は、組合員から出資金を募り、組合員と協同で生協を利用し、運営していく仕組みです。出資や増資の方法、金額は生協ごとに異なりますが、ほとんどの場合、1口500〜2000円。この出資金は、生協から抜けるときには、ちゃんと手元に戻ってきます。

投資としてのポイントは、決算時に利益が出ると、その一部が出資配当として還元され

主な生協の配当比率

みやぎ生協	0.26%	コープこうべ	0.2%
パルシステム東京	0.7%	コープいしかわ	0.3%
ユーコープ	0.1%	コープえひめ	0.3%
いばらきコープ	0.2%	コープかがわ	0.1%
コープあいち	0.5%	コープみらい	0.2%
おおさかいずみ市民生協	0.4%	生協ひろしま	0.1%
おおさかパルコープ	0.3%	おかやまコープ	0.2%
よどがわ市民生協	0.3%	エフコープ生活協同組合	0.2%
京都生協	0.25%		

出典:各生協のHPより抜粋、編集部調べ

ること。銀行に預けておくよりも、ずっとずっとお得です。

生協は、毎年総代会を開き、その場で配当金の数字を確定しています。主な生協の最新発表の配当比率を挙げてみましょう。

1口1000円の出資金を払えば組合員になれる生活協同組合パルシステム東京の配当利率は、現在のところおおよそ0・7%と生協の中でもトップクラス。でも、この数字には及ばなくても、0・4%、0・3%程度の配当を実現している生協は、いくつもあります。

ここで、出資金が500円で配当率が0・5%だった場合、いくらの配当になるのか計算してみましょう。所得税（20%）と復興特別所得税（0・42%）、合わせて20・

42％が引かれてしまうので、

500円×0・5％＝2・5円

2・5円－（2・5×20・42％）≒2円

このように、500円の出資で2円の配当金が得られます。飛び抜けて高い割合ではありませんが、銀行の定期預金なら利率0・02％ですから、1年間500円を預けても金利は1円にもなりません。それに比べれば、ずいぶん高いと思いませんか？

加入から次年度以降は、「出資金＋配当」の合計に対して配当率をかけるので、出資金が複利で少しずつ増えていくのもいいですね。気がつけば、ちょっとしたお小遣い程度には膨らみます。

そんなに配当利率が高いなら、もっと大口の金額を出資したい……。そう思われた方も多いかもしれませんが、**生協は出資口数に上限があります。上限金額は、50万円、もしくは100万円に設定しているところが多いようです。**

要するに、生協は大きな投資には向きません。でも、日常的に生協を利用する環境で暮らしているのであれば、便利に使える小口の積み立てです。

生協への出資金は、増やすこともできます。この積み立て増資がまた、非常に手軽なのです。

パルシステムを例に挙げてみましょう。

ここは注文時に週200円の積み立て増資ができるシステムを取り入れています。注文用紙やインターネットの注文ページの増資の欄に「0」と記入しない限り、自動的に出資金が200円ずつ増えていくんですね。

たった200円でも侮れません。わずか100円玉2枚ですが、1年続ければ1年52週で1万400円。2年間、毎週増資を続ければ2万800円、5年続ければ、5万2000円に膨らみます。

増資の金額は200円から増やすこともできます。その週によって金額を変えるのは自由です。今月はちょっと余裕があるから1000円増資してもいいし、逆に厳しいときは最低限の200円にしてもいい。無理のない範囲で増資の金額を変更するといいでしょう。

なお、もしお金が必要になった場合でも一定の金額を残しておけば、「減資」という手続きを経て、出資金を引き出すことが可能です。もちろん生協から脱退する場合には、すべての出資金が戻ってきます。

まず１口からスタートして、こまめに増資してみてはいかがでしょう。

投資のファーストステップとしては、まさに最適。断トツにオススメできます。

ただし、生協が倒産してしまった場合は、出資金が戻ってこないケースもあります。経営状況によっては、出資金として払い込んだ額よりも戻ってくる額が少なくなってしまう可能性も否定できません。

実際に、出資金が集まらず、過去に破綻してしまった生協の例がありました。確率としては低いものの、「万が一」のケースもなくはない。経営状況の見極めは必要です。

５００円だ、２００円だ、なんてバカにしないでくださいね。我が家も生協でやっています。

もし、**週２００円だけ増資して積み立てしたら、どうなるでしょう。仮に０・７％で考えてみましょう。**

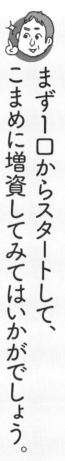

出資金500円、毎週200円の増資を10年続けた場合

	投じたお金	税引き後	増加
出資	500円	527円	27円
積立	10万4000円	10万6945円	2945円
合計	10万4500円	10万7472円	2972円

1年間を52週とすれば、200円×52週＝1万400円、これを10年続けると、投じたお金は10年で10万4000円。積み立てですから、週200円を10年間0・7%で積み立てるので、複利で増えて10万6945円。2945円が配当での増加分です。

最初の出資金500円は10年で、税引き後で527円。27円が配当での増加分です。

最初だけ500円入れて、その後はジュース代で消える200円を毎週積み立てるだけ。ちりも積もれば合計で10万7473円になって、2972円が増える計算。200円のジュースが15本もらえた計算です。ちょっとしたお金でしょう?

200円ぐらいの金額は引き落としですから、忘れてしまいます。貯金箱に入れるより楽ちん。知らない間に増えてくれています。10年後、忘れたころに10万7472円が手に入ります。

これはすごい。最近、我が実家でも毎週200円の増資積み立てを始めましたよ(配当金の複利計算は私なりの試算ですので、正確性を期したい場合は各生協にお問い合わせください)。

❷百貨店友の会でもらった商品券で我が家はお歳暮を送っている

みなさんは百貨店をよく利用していますか？

以前より足を運ぶ回数は少なくなっているかもしれませんが、それでもお歳暮やお中元を送るとき、あるいはちょっと上質なモノを買いたいときには百貨店を利用するという方はいまでも多いように思います。

我が家も例外ではありません。

外商を利用するほどではありませんが、「ハレ」の機会には百貨店を使い続けています。そして、よく行く百貨店の友の会に入り、そこでもらった券を使いお歳暮を送ったり、冬のコートを買ったりと有効に活用しています。

実はこの**百貨店友の会こそ、低金利のいま、信じられないような利回りを実現しているオススメの投資商品**なのです。

百貨店友の会を知らない方のために説明すると、**毎月一定の金額を積み立てていくと、1年後の満期には積立額の1ヶ月分が上乗せされて戻ってくる仕組み**です。

現実には、お金としてではなく、その百貨店で使える買い物券（商品券）として戻ってくるのですが、百貨店での買い物に充てることができるのなら、それはお金と同じこと。
さて、肝心の利回りは、いくらだと思いますか？

百貨店友の会の仕組みは、どの百貨店でもほぼ同じで、毎月5000円か1万円を積み立て、1年後には満期となり、商品券を受け取ります。この商品券が毎月の積立金の13ヶ月分なんですね。仮に1万円を毎月積み立てたとすると、

1万円×12ヶ月→13万円

投資した金額が12万円で、1年後に手にする金額（商品券）は13万円ですから、年利にすると、

13万円÷12万円＝108・33％

なんと年利8・3％です。なんとも太っ腹としか言いようがありません。銀行の金利を考えると、まさに夢のような数字です。

唯一の難点といえるのが、その百貨店でしか使えないこと。

商品券なので、お金のように、どこでも使えるというわけにはいきません。

我が実家では、水戸の京成百貨店で友の会に入り、お歳暮やお中元の際に利用しています。もう百貨店友の会でもらう商品券なしには、お歳暮もお中元も送れない、というほどです。また、たまに結構いい服を買うときも利用します。シャツを仕立てたり、スーツを仕立てたり。**百貨店は贅沢品が中心ですから、仕立てのいいものを買ったり、非日常的な買い物をしたりするにはぴったりです。**

小口で投資をしていきたい人には本当にありがたい友の会。しかし、百貨店ならどこでもやっているというわけではありません。導入しているのは、歴史のある老舗が多いようです。

次ページに、主な百貨店の友の会の内容をまとめてみましたので、参考にしてください（観劇コースやキッズコースなどもありますが、ここでは省いています）。

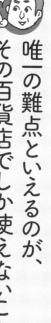

主な百貨店の友の会の内容

三越、伊勢丹、岩田屋、丸井今井

6ヶ月積み立てコース／ 金額は5000円のみで、半年後にはボーナスとしてプラス2000円

12ヶ月積み立てコース／ 金額は5000円、1万円、2万円、3万円、5万円のいずれか。12ヶ月後にはボーナスとして1ヶ月分がプラスされる

東急百貨店

6ヶ月積み立てコース／ 金額は5000円のみで、半年後にはボーナスとしてプラス2500円

12ヶ月積み立てコース／ 金額は3000円、5000円、1万円、3万円のいずれか。12ヶ月後にはボーナスとして1ヶ月分がプラスされる

小田急百貨店

6ヶ月積み立てコース／ 金額は5000円のみで、半年後にはボーナスとしてプラス2500円

12ヶ月積み立てコース／ 金額は5000円、1万円、3万円のいずれか。12ヶ月後にはボーナスとして1ヶ月分がプラスされる

京王百貨店

12ヶ月積み立てコース／ 金額は3000円、5000円、1万円、3万円のいずれか。12ヶ月後にはボーナスとして1ヶ月分がプラスされる

高島屋

12ヶ月積み立てコース／ 金額は5000円、1万円、3万円、5万円のいずれか。12ヶ月後にはボーナスとして1ヶ月分がプラスされる

大丸松坂屋

6ヶ月積み立てコース／ 金額は5000円のみで、半年後にはボーナスとしてプラス2000円

12ヶ月積み立てコース／ 金額は5000円、1万円、3万円のいずれか。12ヶ月後にはボーナスとして1ヶ月分がプラスされる

京成百貨店

6ヶ月積み立てコース／ 金額は5000円のみで、半年後にはボーナスとしてプラス2000円

12ヶ月積み立てコース／ 金額は3000円、5000円、1万円のいずれか。12ヶ月後にはボーナスとして1ヶ月分がプラスされる

阪急百貨店、阪神百貨店

12ヶ月積み立てコース／ 金額は5000円、1万円のいずれか。12ヶ月後にはボーナスとして1ヶ月分がプラスされる

近鉄百貨店

12ヶ月積み立てコース／ 金額は5000円、1万円、3万円のいずれか（一部店舗で3000円もあり）。12ヶ月後にはボーナスとして1ヶ月分がプラスされる

以上のように12ヶ月コースの特典は、どの百貨店も同じですね。1ヶ月分の積立金がボーナスとしてプラスされます。

注目すべきは5000円の6ヶ月積み立てコースでしょう。ご覧のように、東急百貨店と小田急百貨店のみ、ボーナスが2500円なのです。他店は2000円ですから、500円高くなっています。

利回りを算出すると8・3%。12ヶ月積み立てコースと同じ利回りが採用されています。とりあえず半年だけ入ってみたいという方は、東急百貨店か小田急百貨店を選ぶといいでしょう。

百貨店友の会の優れた点は、利回りがいいだけではなく、提携ホテルやレストランの割引、映画の優待・割引、会報誌の送付と、特典がほかにもたくさんついていることです。とりわけ、高島屋の特典は充実しています。年に2回、お歳暮やお中元の時期には5%割引の優待券がついてきます。小田急百貨店も、友の会の会員カードを提示すると、5～10%割引になる特別優待会を随時開催しています。

衰退産業といわれる百貨店ですが、顧客にはいまだにこうした手厚いサービスを実施して囲い込みを図っています。これらを利用しない手はありません。あなたが住んでいる地域の百貨店、お中元やお歳暮時に利用している百貨店の友の会制度にぜひ注目してみてください。

❸ 旅行積立で家族旅行をグレードアップ

百貨店の友の会ほど利回りはよくありませんが、**旅行積立も優れた投資商品**です。

仕組みとしては友の会とよく似ています。**毎月一定額を積み立てていき、満期になったらボーナスが加算された積立金を受け取る制度**です。

年利はおおよそ2％前後。実施しているのが旅行会社や航空会社のため、航空券や旅行ツアーなど「旅関連」に限定されてしまうという制約はありますが、旅行によく行く、たびたび飛行機に乗る機会があるという方は見逃せません。

積立金額が少額からスタートできるのもうれしい点です。

積立期間や金額は会社によって多少異なりますが、期間は半年～5年、最低金額は3000円もしくは5000円のところが大半です。

年利1・75％のＪＴＢたびたびバンクでシミュレーションしてみましょう（ＪＴＢの

積立シミュレーションを参照。http://www.jtb.co.jp/tabitabibank/simu/simulationSelect.asp)。

毎月1万円を2年間(24ヶ月)積み立てると、満期額は24万4375円。4375円がサービス額。満期額と支払い回数を設定して、毎月の積立金額を決定することもできます。例えば、2年後の満期額を20万円に設定すると、毎月の積立金額は8185円。サービス額は3580円です。銀行に預けておいても、これだけの金利はつきません。旅行を目標とするなら、前向きに考えたい投資です。

この旅行積立には、百貨店友の会にはない一括払いという選択肢も用意されています。本書の趣旨は「少額でコツコツ投資」ですが、面白い例としてピックアップしてみました。一例として、JALの旅行積立を見てみましょう。

満期旅行券額を50万円と設定して、一括払いをして半年間預け入れをした場合、一括払いの金額は48万5437円、1万4563円分がサービス額として上乗せされます。つまり、利回りは約3%。50万円分の商品券は、JALの国内線、国際線の航空券はもちろん、JALパックツアー商品やグループのホテルなどに使えます。半年後に家族4人で海外旅行を検討しているのであれば考えてみてもよさそうです。

この一括払いは、預け入れ期間が長ければ長くなるほどサービス額が増える、つまり利回りが高くなります。仮に、2年預け入れるとしたら一括払いの金額は47万3934円、

主な旅行会社の旅行積立商品

JTB たびたびバンク	サービス利率/**1.75%**
毎月払い/積立金:5000〜2000万円	設定回数:12〜60回(月数)
一括払い/積立金:3万〜2000万円	積立期間:12〜60ヶ月
H.I.S. 貯めチャオ	サービス利率/**1.6〜2.45%**
毎月払い/積立金:3000円〜	設定回数:6〜60回(月数)
一括払い/積立金:5万円〜	積立期間:6〜60ヶ月
日本旅行　ドリームプラン	サービス利率/**1.5〜2%**
毎月・一括払い/積立金:3000円〜	積立期間:6〜60ヶ月
近畿日本ツーリスト　旅したく	サービス利率/**1.5〜2%**
毎月払い/積立金:3000円〜	設定回数:6〜36回(月数)
一括払い/積立金:1万8000円〜	積立期間:6〜36ヶ月
JAL 旅行積立	サービス利率/**3%**(積立1年後から満期までは2.5%)
毎月払い/積立金:5000円〜	設定回数:12〜60回(月数)
一括払い/積立金:5万〜5000万円	積立期間:12〜60ヶ月
ANA 旅行積立プラン	サービス利率/**2.25〜3%**(6ヶ月満期は5%)
毎月払い/積立金:3000円〜	設定回数:12〜60回(月数)
一括払い/積立金:5万円〜	積立期間:12〜60ヶ月

サービス額は2万6066円、利回りは5・5%となります。

上に主な旅行会社の旅行積立商品とその内容を記しました。旅行好きな方は参考にしてください。

❹ 信用金庫の会員になって出資すると配当金がもらえます

あなたの住む町に、信用金庫はありませんか？

商売をしている人ならともかく、一般の人は口座を開くというと、どうしても都市銀行や地銀を最初に思い浮かべてしまいます。でも、**投資という観点から考えた場合、地元密着型の信用金庫や信用組合を選択肢からはずすのはもったいない。ぜひチェックしておきたい投資商品です。**

なぜ、信用金庫がいいのでしょうか？

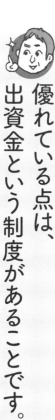

いったい、どんな点で都市銀行や地銀より優れているのでしょうか。

優れている点は、出資金という制度があることです。

信用金庫も信用組合も、利用するために出資金を提供することになります。メリットは、この出資金の利回りが通常の預金金利より高い点にあります。**出資金配当が通常2~5%もあるのです。株式のような価格変動もなく、銀行の定期預金金利が0・02%程度であることを考えると、非常にうまみのある数字**といえます。

つけ加えておくと、配当金には20・42%の源泉徴収がかかります。配当金が5000円であれば1020円が引かれることは覚えておいてください。

信用金庫の出資金の利回りが高い理由を知るには、信用金庫の仕組みについて知っておく必要があります。

信用金庫の業務は、都市銀行と何ら変わりはありません。預金、融資、為替取引。業務だけを取り上げれば、都市銀行と同じ金融機関です。

異なる点は以下の通り。

・地域の人々が利用者・会員となって、互いに地域の繁栄を図る相互扶助を目的とした協同組織の金融機関
・主な取引先は個人や中小企業(従業員300人以下または資本金9億円以下の事業者)
・利益第一主義ではなく、会員すなわち地域社会の利益を優先
・営業地域は一定の地域に限定

・預かった資金は、その地域の発展に生かされている

このように、信用金庫は「地域で集めた資金を地域の中小企業と個人に還元することにより、地域社会の発展に寄与する」という目的を掲げて運営されています。だからこそ、投資にうまく活用できるのです。

信用金庫は、生協と同じように、会員による出資金で運営されています。信用金庫は非営利組織ですから、利益は会員に配当金として配分されます。いえ、配分されなければいけません。それが信用金庫なのです。

さて、能書きはこれぐらいにして、具体的な加入方法に入りましょう。

「私でも信用金庫の会員になれますか」という質問には、「はい、大丈夫です」とお答えします。

会員になるための資格は、以下の3つ。

1. その信用金庫の営業地域の住民であること
2. その信用金庫の営業地域内で勤めていること

３．その信用金庫の営業地域内に事業所（従業員３００人以下または資本金９億円以下）を持っていること

要するに、営業地域内に住んでいれば、それでもう条件はクリアできています。あとは、出資金を払いさえすればいい。

誰でも信用金庫に口座を開くことができます。

出資金は、一口５００円からが一般的ですが、どの信用金庫も最低取扱口数を決めていて、５００円では会員にはなれません。ほとんどの場合、10口の５０００円、もしくは20口の１万円を最低取扱口数としています。増口（追加出資）をすることもできるので、定期的に少しずつ出資金を増やしていくのもいいでしょう。

この出資金とは、株式会社でいえば株式に相当するものですが、違う点もたくさんあります。株式のような流通性はなく、自由に売買することもできません。預金保険制度の対象外です。

また注意したいのが、出資金は、銀行のようにいつでも好きなときに引き出し可能ではないこと。銀行の預金のように、ATMを使って必要なときに必要なだけ、パッとお金をおろすというわけにはいきません。

会員をやめるとき（脱退するとき）は、多少煩雑な一定の手続きが必要になりますが、原則として全額返ってくるのでご安心を。信用金庫におさめっぱなしで取り返せないということはありません。

なお、信用金庫の経営が黒字のときには配当がありますが、赤字の場合は配当がなくなることも知っておいてください。配当はいつでも必ず受けられるものではないのです。もし、地域に複数の信用金庫があるのなら、それぞれの信用金庫の経営状況を開示資料で確認するといいでしょう。

信用金庫への出資には別のメリットもあります。信金のローンは銀行よりもやや金利が低いのです。教育ローン、マイカーローン、カードローン、フリーローン、多目的ローンなど、市中の銀行よりも0・2％程度低くなっています。

お金を増やすための選択肢ではありませんが、知っておいて損はありません。**信用金庫は使い出のある金融機関です。**

最後に信用金庫について、もう一点つけ加えておきます。もし、信用金庫の営業地域の外に引っ越してしまうと、会員から抜けなくてはなりません。「営業地域内」が会員の絶対条件。引っ越しを頻繁にするという方には不向きです。

逆に、**その地域にずっと住み続けるという人には、ぴったりの投資方法**でしょう。

さあ、あなたの近所や行動範囲内を見渡してください。信用金庫の一つや二つはあるはずです。

そうしたら経営状況をチェックしてみて。健全経営の信用金庫をあなたの投資先として選んでください。

おうちの周りに“信用金庫”ってあるでしょう
あーはい 看板とか見たことあるかも〜
信用金庫は会員出資の協同組織
みんなで助け合おーぜぃ♡
信用金庫
困っている人をお互いに助け合う相互扶助と互恵の精神に基づいています
利用する人は出資して会員になります
年度ごとに経営が黒字だったら余剰金が配当されますよ
出資金の利回りは通常2〜3%
ここだ
ひそっ
いいでしょ…
エーッそんなに!!
しかと聞きました!!…先生っ

5 確定申告ができるなら、ふるさと納税でプレゼントをゲット!

ただいま利用者が急増中のふるさと納税。あなたはもうやっていますか?

もしやっていないのであれば、いますぐ検討した方がいいですよ。なぜなら、**ふるさと納税は、まぎれもなく得する投資法の一つ**だからです。

ふるさと納税とは、自分が好きな地域(都道府県・市区町村)を選んで寄附をすると、寄附した額のほぼ全額が所得税・住民税から控除される仕組みをいいます。自己負担額は2000円のみ。寄附する際に使い道を指定できる自治体や、金額に応じてその土地ならではの特産品や名産品を特典として進呈している自治体もたくさんあります。単純に、肉が好き、魚が好きといった好みから特典を検討し、寄附する自治体を選んでいる方も多いようです。しかし、ここでは「還元率」という観点で、ふるさと納税を考えてみたいと思います。というのも、寄附した金額の約半分が還元される自治体もあるからです。これはもう立派な投資そのものです。

例えば、大阪府泉佐野市。ここでは、1万円の寄附に対して、「アサヒスーパードライ」の350ml缶1ケース(24本入り)が贈られます。

1ケースの実勢価格を調べてみると、おおよそ5000円。仮に5万円を寄附すれば、2万5000円分のビールを手にすることができる計算です。

つまり還元率は50％。毎日ビールが欠かせないというご家庭が泉佐野市に寄附をすれば、日々消費している（つまり購入している）ビールの代金を浮かせることができるわけです。ビール愛好家には見逃せない制度でしょう。

泉佐野市は以前からふるさと納税に力を入れている自治体の一つ。

寄附金額1万円に対して、黒毛和牛の切り落とし1・5kgが進呈されるコースも用意されています。こちらの還元率はなんと96％。250g×6の小分けタイプになっているのも便利でしょう。

泉佐野市の黒毛和牛ほどではありませんが、宮崎県川南町も高還元率の品を揃えていることで話題を集めている自治体です。

ロースやバラ、ウデ・モモ生ハムなど様々な種類の豚肉がセットされた「参協味蕾豚満喫セット」や、料理王国100選にも選ばれた「まるみ豚」のスペシャルセットは、ともに還元率70％。柔らかい豚肉をたっぷりと食べたいという方にはオススメです。

全体的に、高還元率のふるさと納税返礼品は肉類が充実している印象ですが、探せば、寄附金額1万円で「コシヒカリ」20kg（還元率70％）が進呈される茨城県河内町や、「はえぬき」20kg（還元率88％）が進呈される山形県河北町など、高還元率でお米が手に入る自治体も複数あります。ただし人気が殺到するので、早めに申し込むのが確実です。

お米ばかりではなく、肉や魚介類、野菜、果物などの特典も充実しています。**豊富な選択肢の中から何を選ぶべきかを迷ったときには、自分たちがよく食べるモノ、お金を出してでも食べたいモノに的を絞って選ぶのが一番でしょう。その分のお金を手にするのと同じなのですから。**

ふるさと納税での「税金の控除額」については、ネット上にカンタンにシミュレーションできるｗｅｂサイトがいくつもあるので、それを利用すると簡単に「我が家のケース」がわかります。

ざっと目安を紹介すると、本人の給与収入が５００万円で共働き、子ども１人（小学生）の家庭の場合、ふるさと納税額の年間上限額は６万１０００円となります。

この上限額を２つの自治体に分けて、Ａの自治体に３万円、Ｂの自治体に残りの３万１０００円を寄附してもいいし、もっと細かく寄附先を分けても構いません。

自己負担額は２０００円だけ。住民税は翌年６月から12ヶ月間減税となり、所得税の還付金は翌年の２～５月に戻ってきます。寄附金を先払いする格好ですが、これだけ特典が多く、しかも選択肢が多いのです。始めるしかありません。

第3章
食わず嫌いは大損！いますぐ投資にトライ

❶ネット証券を使って、500円から選んだ銘柄にコツコツ投資

私は株はやりません。

株の売買やFXは投資というより、トレードの要素が強いからです。投資とトレードの二つはごっちゃにして考えられがちですが、両者の間には大きな違いがあります。

トレードとは、価格に価値を置き、チャート分析などのツールを使いながら、価格変動を見据えて行います。投資対象の価値よりも、マーケットに参加している人々の心理パターンを読み取り、確率で予測する行為を指します。

一方、投資の対象になるのは、価格でなく価値。株式投資であれば、企業が今後生み出すであろう利益を推定して、長期的な時間軸で行います。

この説明でわかりにくいようであれば、トレードとは短期的な売り買い、投資とは長期的な観点で行い利益を受け取り、元本も取り返すもの（＝元も子も取り戻すもの）と考えてください。

株の売買は投資というよりトレードですが、もし、株を長く持ち続けて配当収入を得る

道を選ぶのであれば、それは投資と言えるでしょう。企業が生み出す価値に着目し、長期間にわたって取引を持続させ、利得を得ているからです。

一足飛びにお金の〝入〟を増やそうとして、FXや株の売買に安易に手を出す方が後を絶ちませんが、成功の確率は非常に低いでしょう。一時的に成功したとしても、ずっと成果を出し続けることは難しい。マーケットで価格がどう変動するか、予測しようがないからです。

私が本書でみなさんにオススメするのは、トレードではなく投資です。長期的な視点で、コツコツ小さな金額からできる、元も子も取り戻す投資です。

さて、株には手を出さない私ですが、例外があります。

え？　矛盾している？　そうではありません。株の売買の中にも、長期的に価値を高めていく「投資法」が存在するのです。

それは「るいとう」こと、株式累積投資。

ミニ株とも呼ばれる投資法です。

なぜ、るいとうなら、ちゃりんちゃりん投資にぴったりなのでしょうか？　それは、るいとうが毎月少額で始められる投資だからです。株は株でも、るいとうは選んだ銘柄（株式）にコツコツと積立投資ができる商品なので、値下がりリスクを抑えることができます。

通常、株式への投資は必要な最低購入単位数が決まっています。1単元が100株の場合は100株単位で購入するしかありません。

しかし人気銘柄の場合、単元株となると非常に高額です。100万、200万というそれなりの資金が必要となり、おいそれとは購入できません。

その点、るいとうなら1株の単位から株を買うことができます。仮に、A社の株価が3000円で、単元株が100株だとしましょう。本来であれば、この株を買うには最低でも、3000円×100株＝30万円の資金が必要です。

ところが、るいとうの場合、毎月5000円からコツコツとA社の株式を購入することができるのです。

少額から可能な、るいとうを私が強力にプッシュする最大の理由。それは、毎月一定額を投じて株を買い足していくことができる点にあります。株価が低いときには購入する量が多くなり、株価が高いときには購入する量が少なくなる。相場変動のタイミングを分散できる、この手法は「ドルコスト平均法」と呼ばれています。

でも、そんな専門用語を知らなくても大丈夫。カンタンに考えましょう。

毎月500円をるいとうに投資したとします。株価が100円のときには5株購入できますが、株価が上がって250円になれば購入できる数は2株になります。逆に株価が50円に下がれば10株購入できますよね。これが、「ドルコスト平均法」の仕組みです。

相場判断なしに機械的に投資できるので、商品の価格の変動にやきもきすることはありません。投資したお金がすべてなくなってしまうのではないか。そんな恐怖に襲われることもありません。いったんその投資をスタートすれば、あとは相場とは無縁のまま、日々平穏に日常生活を送ることができます。

恥をさらすようですが、昔、私は一般的な株の投資に手を出していたことがあります。しかし、失敗し、少なくない損失を出してしまいました。この穴を補填してくれた上に、私の結婚資金にもなったのが、株と並行して買っていた、るいとうです。

私が長期間にわたってコツコツと価値を高めていく、投資の効果に驚いたのはこのときでした。特に大きな期待をすることなく、るいとうを始めて6年。気がつけば、私がるいとうで積み立てた金額は100万円ちょっとに膨らんでいました。このお金があればこそ、私は損失を埋めることができ、なおかつ結婚資金も得ることができた。るいとうの価値を痛感しました。

さて、るいとうを扱っている証券会社はたくさんありますが、**ここでぜひともオススメしたいのが、ネット証券のカブドットコム証券が扱っている「プレミアム積立（プチ株）」です。**

他の証券会社のるいとうの多くが毎月1万円からの設定なのに対して、この「プレミアム積立（プチ株）」は、毎月500円以上であればいくらでも構いません。1円単位で設定できます。投資可能な銘柄は約3200銘柄。積立投資の代金は、銀行口座からの口座振替なのも便利です。また、購入手数料の割引制度があり、口座管理料がかからないのもうれしいではないですか。

手数料は、代金2万円までなら100円。以後、1万円増加ごとに67円加算されていきます。500円投資なら1回あたり100円です。

ただし、積立回数により、毎月1割、最大5割引まで手数料率が割り引かれていきます。2回目の最低手数料は90円。これが3回目は80円となり、6回目以降は50％割引となり、その後は50円で維持されます。

なお、るいとうでは、株の配当金は自動的に全額再投資に回され、株数が「単元株」となったときには、株式累積投資口から証券取引口座へ自動的に振り替えられます。つまり、あなたは一人前の株主として配当金も受け取ることができるし、株主優待の特典も享受できるのです。いかがでしょう？　始めたくなりませんか？

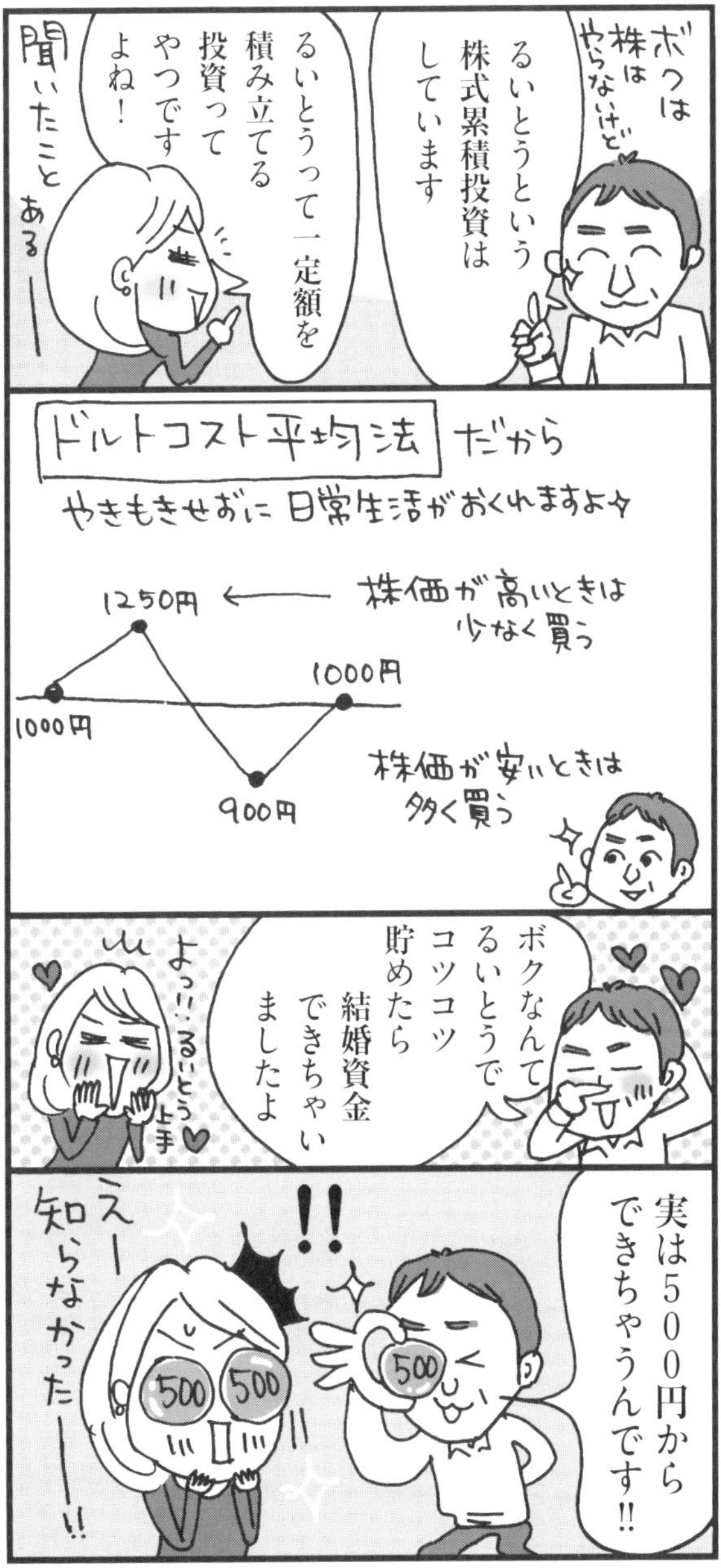
ボクは株はやらないけど
るいとうという株式累積投資はしています
るいとうって一定額を積み立てる投資ってやつですよね！
聞いたことある——
ドルトコスト平均法 だから
やきもきせずに日常生活がおくれますよ〜
1250円
株価が高いときは少なく買う
1000円
1000円
900円
株価が安いときは多く買う
ボクなんてるいとうでコツコツ貯めたら結婚資金できちゃいましたよ
よっ!! るいとう上手
実は500円からできちゃうんです!!
!!
えー知らなかったーー!!
500
500
500

❷ オススメは積立投資その1
ネット証券で500円から投資をしよう

前項では、500円からできる投資商品として、カブドットコム証券の「プレミアム積立（プチ株）」をオススメしましたが、このほかにも証券会社には500円から投資できる商品が揃っています。

それは**投信積立**。**毎月決めた日に、指定した投資信託を一定額分買い続ける商品です。少しずつ買い足していくので、保有口数も少しずつ増えていく。やめない以上、ずっとずっと増えていく。そして気がつけば大口に成長していく商品です。**

ここで投信、すなわち投資信託について、わかりやすく説明しましょう。

投信とは、投資家（つまりあなた）が運用資金を委託会社に渡して、運用のプロ（ファンドマネジャー）に運用してもらう商品です。ファンドマネジャーは、投資家の代わりに、株式、公社債、不動産など世界中のさまざまな投資商品を対象に分散投資して、収益を挙げていきます。

投信積立の場合、投信を毎月一定額ずつ買い付けることができるんですね。さきほどの

投信積立のメリットとデメリット

メリット	デメリット
500円から投資可能	ランニングコストがやや高い
運用はプロが担当	元本保証されない
投資先が分散しているので、リスクが低い	種類が多いので、選ぶのが難しい
買うタイミングに悩まずに済む	投資の醍醐味が薄い

「プレミアム積立」同様、一度始めたら、自動的に投資を続けられます。

投信積立のメリットとデメリットを挙げてみましょう。

投信積立を運用するファンドマネジャーは投資のプロ。プロに頼む以上は、費用がかかります。しかし、プロだからといって絶対に儲かる（利益が上がる）という保証もありません。

あまりにも種類が多すぎるため、どれを選んだらいいのか迷う方が多いのも事実です。

とはいえ、少額から投資でき、るいとう同様「ドルコスト平均法」の仕組みなので、いつ買えばいいのかと買い時に悩む必要もない。コツコツとお金を増やしていきたい方には向いています。

では、このようなメリット、デメリットを理解した上で、たくさんの選択肢の中から何を基準に投資信託を選んだらいいのか説明しましょう。

私がプッシュしたいのは、手数料の安い投資信託です。手数料が安いものはリスクも少ないからです。

まず、投資信託には以下の３つの手数料がかかることを押さえておきましょう。

１．購入時手数料（販売手数料）
２．運用管理費用（信託報酬）
３．信託財産留保額

１の購入時手数料（販売手数料）は、投資信託を買うときに支払う手数料のこと。販売する証券会社や銀行によって手数料の額は異なります。

ただし、上限額は設定されていて、手数料率は購入価格の０・０１〜３％程度。ネット証券会社は手数料が低い傾向にありますが、それでもゼロではありません。

手数料はファンドの純資産総額から差し引かれるため、仮に１０００円投資したとしても、手数料が２％かかれば、20円を証券会社に支払う必要があります。つまり、実質的に投資できる金額は１０００円－20円＝９８０円ということ。

この20円というと小さな額のように思えますが、少額でコツコツと投資をしたい方には決して看過できない額ではないでしょうか。

２の運用管理費用（信託報酬）と**３**の信託財産留保額については、どの販売会社で購入しても変わりません。**３**の信託財産留保額は、投資信託ごとに異なっていますが、中には無料の投資信託もあります。

要するに、**１**の購入時手数料だけが、どこで買うかによって変わってくる。それならば、**販売手数料の安いところで買うのがベターです。**

一般に、ネット証券の購入時手数料は、大手証券会社に比べると驚くほど安く設定されています。どれぐらい安いかというと、おおむね５分の１〜10分の１。非常に大きな開きがあります。

実店舗のある証券会社には、困ったときに証券マンに相談できるというメリットがありますが、その分人件費がかかります。だから手数料が高くなる。一方、店舗がないネット証券会社の場合、フェイス・トゥ・フェイスの相談は不可能ですが、分析ツールを無料で提供するなど、商品選びの指針となる材料をいくつもWeb上で提供しています。顔を突き合わせての相談はできなくても、コールセンターやメールでのやりとりは可能なので、「困ったときのアドバイス」としては、さほど変わらないと思います。

結論としては、少額の投信積立を始めるなら、ネット証券会社を選ぶこと。

具体的には、カブドットコム証券、SBI証券、松井証券、マネックス証券、楽天証券、GMOクリック証券、ライブスター証券ですね。その中から積立投資する投資信託を吟味していきましょう。

❸ オススメは積立投資その2 ネット証券で500円から投資をしよう

投資信託にはいくつかの種類があります。大きく分けると、以下の2つに分類できます。

1．市場の平均以上の利益を出そうとするアクティブファンド
2．日経平均株価やTOPIXと同じような動きを目指すインデックスファンド

わかりやすく表現すると、利益に対して貪欲で攻めの姿勢なのがアクティブファンド、市場の動きとリンクし、ほどほどの利益を目指す中庸派がインデックスファンド、でしょうか。

このうち、私がオススメするのは、2のインデックスファンド。1のアクティブファンドの運用管理費用（信託報酬）が平均年率1・5％前後なのに対して、インデックスファンドの運用管理費用は平均0・7％前後と低いからです。

インデックスファンドは、指数をベンチマークにし、それに合わせるように運用をしていくので、ファンドマネジャーはあまり手間がかかりません。きつい言い方をしてしまえば、運用に特に頭を使わなくて済む。だから手数料が安いのです。指数の動きとともに利益が推移するので、リスクとしてはそう高くありません。

その点、指数の数字より上を目指して運用される、攻めのアクティブファンドはハイリスクハイリターン。価格の上下が激しくなります。

日本で販売されている投資信託の9割はアクティブファンドで占められ、インデックスファンドは1割に過ぎません。つまり選択肢が少ないわけですが、その分、銘柄選びにはそう頭を抱えることがないとも言えます。

インデックスファンドは、日本株式、日本債券、外国株式、外国債券など、さまざまな投資先を商品化している商品が多く、流入資金が多いのも特徴の一つ。

コツコツとお金を増やしていきたい方にはインデックスファンドがオススメです。

インデックスファンドの中でも特に私が推奨したいのは、手数料がかからないノーロードと呼ばれる投資信託です。ノーロードとは「No‐load」のこと。load（荷物

＝販売手数料）がないという意味です。

なぜ、手数料が無料のこのような商品が成立するのかといえば、販売会社（証券会社）は信託報酬をファンドから受け取っているからです。毎月投資信託を購入する投信積立の場合、その都度購入手数料を支払っていると、それなりの金額になります。でも手数料無料ならどこまでいってもゼロ。ビギナーには優しい商品です。

気をつけたいのが、手数料が無料とはいっても、コストがゼロではないこと。諸経費がまったくかからないわけではありません。

先に述べたように、投信を運用するためのコストとして、運用管理費用（信託報酬）が発生します。率はファンドにより違いがあり、一概には言えませんが、だいたい年０・５～３％程度を考えておけばいいでしょう。これは、毎年必ずかかる費用です。

また、ファンドを解約するときには、信託財産留保額が発生します。その率は、おおよそ元本の０・５％。運用するのも解約するのも決して無料ではありません。

だからこそ、手数料は無料の方がいい。

ノーロード投資信託を私がオススメする理由です。

ただし、ノーロード型の商品の中には、購入時の手数料は無料でも、運用管理費が高いという商品も見受けられます。手数料を取らず、ファンド側から支払われる信託報酬に支えられている商品のため、初年度こそコストは安いけれど、2年目、3年目と時間が経つにつれて、通常の投資よりもコストがかかっていくという商品もないわけではないのです。販売手数料だけに目を奪われてしまうと、結局高くついてしまった……。そうしたケースはよくあります。投資信託を選ぶ場合には、販売手数料だけでなく、その他にかかる費用もチェックすることが欠かせません。

では、具体的にどの証券会社のノーロード投資信託を選べばいいのでしょうか。

500円からノーロード投資信託を購入できる証券会社は、カブドットコム証券と松井証券、SBI証券の3社があります。

このうち、銀行口座からの引き落としに対応しているのは、カブドットコム証券とSBI証券の2社。松井証券は、証券口座からの引き落としになるので、一般の方にはやや使いづらいかもしれません。

使い勝手という点では、カブドットコム証券とSBI証券では、ほぼ同じ。大きな差はありません。

しかし、SBI証券には、他の2社にはないアドバンテージがあります。

一つは、ノーロード投資信託の本数が１０００本以上と圧倒的に多いこと。ネット証券においてはナンバーワンの本数を誇っています。

一方、カブドットコム証券が扱っているノーロード投資信託は約５００本、松井証券は約１００本に過ぎません。選ぶ際に迷いたくないという方には向きませんが、いろいろなファンドから選びたいという方にはＳＢＩ証券がオススメです。

もう一つのアドバンテージがポイントサービス。ＳＢＩ証券はポイントサービスが充実しています。対象投資信託の月間平均保有額が、１０００万円未満であれば年率０・１％相当の、１０００万円以上であれば年率０・２％相当のポイントがつきます。

この還元率は、証券会社の中でもトップクラス。貯まったＳＢＩポイントは、現金に交換できるほか、ＳｕｉｃａやＡＮＡマイレージ、ＪＡＬマイレージ、Ｔポイント、ｎａｎａｃｏなどのポイントや、商品にも交換できます。

年率０・１％の還元率は大きな数字ではありません。でも、コツコツと長く続けていれば、保有額はどんどん膨らんでいきます。楽しみながら投資信託を始めたい方にはぴったりではないでしょうか。

ちなみに私は、株式関係では日経２２５ノーロードオープン、外国株式インデックス・

オープン（ノーロード）、チャイナオープン（ノーロード）を積み立てています。これ以外に各国の国債であるところのグローバル・ソブリン・オープン（ノーロード）、リートという不動産へ投資する投資信託の先進国リートインデックス（ノーロード）を毎月積み立てています。全部ノーロード。ここ２年ほどの積み立てですが、５本合わせて１・２５％ほど増えています。まあまあ、ですかね？

❹ 外貨建てMMFで外国にお金を投資！

毎月5000～1万円を投資に充てる余裕があるのなら、米ドルなどの外貨で運用する外貨建てのMMFに投資してみませんか。

外貨建てMMFというと、いきなり難しく聞こえるかもしれませんが、シンプルに考えましょう。**MMFとは「マネー・マーケット・ファンド」のこと。**ドルやユーロといった外国の通貨で預金をする外貨預金と混同しますが、両者はまったく別のものです。**外貨建てMMFとは、外貨そのものではなく、外貨を使って運用されている公社債や短期金融商品などを投資対象とした投資信託商品。**外国で設定され、日本に持ち込まれて販売されている投資信託です。

一方、**外貨預金とは、元金や利息ともに外貨建ての預金のこと。**ドルやユーロで預金をし、ドルやユーロで利息がつきます。円で預金をするときと同じように、こちらにも、外貨普通預金、外貨通知預金、外貨貯蓄預金、外貨定期預金などいくつもの種類があります。

では、なぜ私は外貨預金ではなく、外貨建てMMFを推すのか？

答えはカンタン。メリットがたくさんあるからです。

外貨建てMMFは、安全性の高い優良企業の社債や国債などで運用されていて、利回りも悪くありません。1万円から投資できます。必要なのは為替手数料のみで、そのほかに費用はゼロ。申込手数料と解約手数料も発生しません。

投資信託なのに、運用するマネジャーに支払う手数料は発生しないの？　という疑問をお持ちのあなた。鋭い質問です。

手数料は当然発生しています。ただし、投資マネジャーへの報酬や保管費用、管理報酬手数料などがすでに差し引かれた状態で利回りが決定しているため、利用者が新たに支払う必要はありません。実際には払っているけれど、手数料を特別に気にせずに済む仕組みともいえますね。

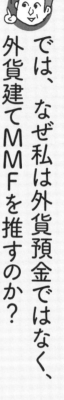

外貨建てMMFの特徴を以下に挙げてみました。

1. 為替手数料（スプレッド）が安い
2. 少額（1万円）から投資が可能
3. 金利がわずかながら外貨預金より高い
4. 運用実績による分配なので複利効果が期待できる
5. いつでも解約可能
6. 解約手数料は無料
7. 元本の保証はなし
8. 管理報酬や投資顧問報酬等の保有時の費用が間接的に発生する
9. 証券会社が破綻した場合でも、外貨建てMMF資産は全額保護される
10. 税金の対象となるのは利益のみ

外貨普通預金の場合、為替手数料が往復1～4円ほどかかります。「往復」というのは、いったん円を外貨に両替して預金し、預金していた外貨預金を円に戻す際にも両替をする必要があるということ。為替手数料がダブルで発生してしまいます。

しかし、外貨建てMMFの場合、ネット証券を使えば片道25銭と割安です。コストはあ

まりかかりません。

7の元本の保証がない点を気にする方は多いかもしれませんが、現地通貨で見れば元本が割れにくい商品の一つといえます。株式などに比べれば利回りは低めではあるものの、**9**で挙げたように、万が一の場合でも資産は全額保護されます。リスクの少ない投資商品と言っていいでしょう。

また、利回りがよく、手数料（為替スプレッド）が安い点も魅力的。少ない金額から始められる外貨建てMMFは初心者向きの商品です。

まとめると、少ない額から投資できる外貨建てMMFは、手数料は外貨預金の4分の1ほどで済み、利回りが高く、かつ好きなときに売買できて、税金の面でも有利な投資商品です。

米ドル、豪ドル、NZドル、ユーロ、カナダドル、トルコリラ、南アフリカランドなどの通貨が扱われていますが、私の場合、米ドル、豪ドルにそれぞれ毎月1万円ずつ投資しています。

米ドル、豪ドル以外に投資していないのは、リスクを考えての判断です。米ドルは外貨建てMMFの選択肢が多いので、その中から利回りがいいものを選ぶのもいいでしょう。

また、私の投資していたユーロのMMFは最近償還されてしまいました。ユーロがマイナス金利で利ざやが稼げないので償還となったようです。円には戻さず、ユーロのまま置いてあります。今後、円安・ユーロ高になれば為替差益がとれますからね。

さて、メリットばかり挙げてきたので、ここはフェアにデメリットについても取り上げます。

外貨建てですから、もちろんリスクはあります。為替変動リスクや価格変動リスクのほかに、発行体の財務状況などにより現地通貨ベースの価額が変動する信用リスクも免れません。それでも、分配金が毎日計算され、月末には数パーセントの利息がついてきます。利息は自動的に再投資され、複利効果を狙える点も外貨建てＭＭＦの大きなメリット。

また、外貨預金が10万円以上からしか始められないところが多いのに対して、外貨建てＭＭＦなら月１万円からでも始められるのは、うれしい点ではないですか。購入や解約が簡単なのも便利です。

このように、外貨建てＭＭＦは飛び抜けて大きなリターンはありません。それでも着実に増えていく。これこそ、本書が主張する「コツコツ少額投資」の醍醐味です。

❺ 純金積立はこの20年で価格4倍だよ。やらなきゃソン！

あまり期待をすることなくスタートして20年。気がつけば、現在の価値は投資金額の数倍に膨らんでいた!!

そんなウソのような冗談のような投資法が、純金積立投資です。

現実に私が体験しているので、正真正銘、本当のお話。当事者である私自身が誰よりもびっくりしている結果です。

純金積立については、ご存じの方も多いでしょう。毎月、お金を投じて少しずつ純金を増やしていく方法です。

私が純金積立をスタートしたのは、１９９６年のことでした。いまでもはっきりと覚えています。当時の金の価格は１グラムあたり１０００円という水準でした。

毎月の積立金額は３０００円。現在よりも収入は低く、正直、薄給の身でしたが、３０００円なら負担にはなるまい。そう判断して、本当に気軽に大きな期待をせずに純金積立を始めました。

そして20年間。やめることなく、コンスタントに続けてきました。

ただし、途中で金額を増やしています。いまから10年前に、３０００円を５０００円にアップ。これは、少し家計に余裕が出たためで、大きく儲けようとして金額を増やしたわけではありません。

しかし、とにかく続けたのがよかったのでしょう。一度もやめずに、ひたすら買い足していった結果、私の資産は順調に増えました。

驚くことなかれ。

現在の金の価格は20年前と比較すると、約4倍に達しています。最初に１０００円で買った金が現在は４０００円になったのです。自分でも予想をしていなかったほどの価値に膨らみました。

もちろん、投じたお金が4倍になったわけではありません。20年間、月々買い続けた結果の評価額がトータルで2倍になっただけです。値段が上がった最近の積み立てでは、昔の値段（いまの１／４）で買えているわけではありませんから。**でも、金額でいうと、約１００万円を投じて、現在の価格で約２００万円になっているのです。**１００万円も増え

金の価格推移グラフ

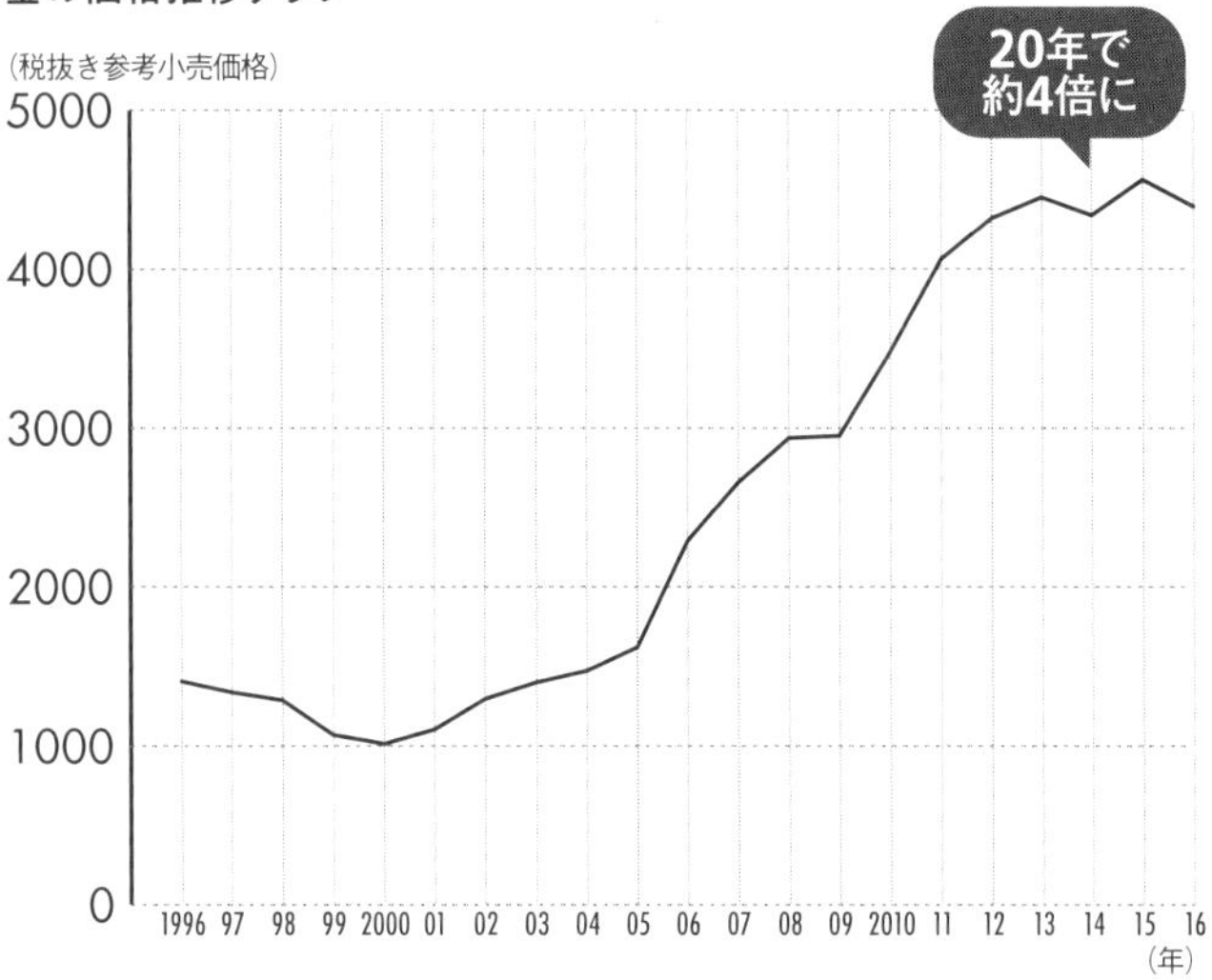

出典：田中貴金属 HP より抜粋

た計算です。

まさに継続は力なり、です。

この20年間、金の相場は日々動いていましたが、金の相場に気をとられ、やきもきしたということは一度もありません。

なぜなら、「るいとう」の項目でお話ししたように（59ページ）、純金積立は、毎月定額を投資する「ドルコスト平均法」を採用しているからです。

金の価格は、上がったり下がったりが当たり前。毎月一定額を投じるということは、その月によって買える分量が増減するということです。

金の価格が低い月には購入量が多くなり、金の価格が高いときには購入量が少なくなる。毎月の積立金額を決めておけば、もう悩むことはありません。その金額で買える量が自動的に決まります。

だからこそ、私は相場に気をもむことなく、日々平穏に過ごすことができました。ただ毎月一定額を買い足していくだけでよかったのです。と言っても、現実には銀行口座から自動的に引き落とされていたので、意識することはほとんどありませんでした。**長い目で見た場合、これほど資産を着実かつ平穏に増やす方法はないと思います。**

ちなみに私は当初、三菱マテリアルに口座を開いていましたが、現在、子どもたちにもこの利得を与えたいと思い、子どもたちには田中貴金属工業に口座を開いてあげました。**田中貴金属に対し、金のサプライヤーとして高い信頼を置いているためです。工業部品の金のサプライヤーとして高い世界シェアを持っている田中貴金属は、この世界のブランドと言ってもいいでしょう。**

純金積立を扱っている会社はいくつもありますが、田中貴金属は「特定保管」と言って、万一会社が倒産した場合でも、積み立ててきた純金が利用者に返却される仕組みを採用しています。

この方法を採用している会社は、田中貴金属のほかは石福金属興業だけ。他の会社は、利用者が積み立てている純金を市場で投資運用する「消費寄託」を採用しています。

金のサプライヤー「特定保管」年間コストの比較表

毎月3000円コースでの年間のコスト		毎月1万円コースでの年間のコスト	
田中貴金属	1260円	田中貴金属	3000円
三菱マテリアル	1764円	三菱マテリアル	3864円
マネックス証券	972円	マネックス証券	3240円
楽天証券	972円	楽天証券	3240円

「消費寄託」の場合、市場で金を貸し出すことで得た運用益（インカムゲイン）を年会費や手数料、ポイント制度などに還元しています。つまり、特典はいろいろある。ただし、その会社が倒産した場合、金を引き出せなくなる可能性もあります。

逆に「特定保管」方式の会社の場合は、安心安全ではありますが、手数料がかかるし保管料も別途必要になります。

年間のコストはどれぐらいになるのか。実際の数字は上の表をご覧ください。

なぜこんなに違いが出るのかというと、積立金額によって毎月の購入手数料が変わってくるためです。

さて、あなたならどれを選びますか？

3000円の積み立てで、年間に1260円もコストがかかるのはイヤだ、という方も多いかもしれません。それは必要コストだと考える人もいるかもしれません。大事なのは、あなたが何を優先するかです。

毎月の購入手数料・比較

田中貴金属	
1000～2000円	5.0%
3000～9000円	3.5%
1万～3万円未満	2.5%
3万～5万円未満	2.0%
5万円以上	1.5%

三菱マテリアル	
1万円未満	1000円ごとに30円
1万円以上	1000円ごとに25円（年会費が別途864円）

楽天証券・マネックス証券
購入金額の2.5%（銀とプラチナは税別表示）

・多少コストがかかっても、安全性を重視するなら「特定保管」
・100%安全ではないけれど、コストの安さや運用益を求めるなら「消費寄託」

と言えるでしょう。

金の価格が暴落する可能性についても、少し触れておきたいと思います。

暴落の可能性がゼロだとは断言できません。世の中、何が起こるかわかりませんからね。「絶対ない」とは誰にも言えませんが、**私は金には他の金属にはない独自の価値があると考えています。**

金は化学的に見れば単なる鉱物の一つに過ぎません。

にもかかわらず、古代から人類は金をあがめ、金を大事に扱ってきました。古代エジプトでも、メソポタミアでも、インカ帝国でもそうでした。文明があるところに金への崇拝あり、と言っても過言ではありません。

金に対する人々の、宗教心にも近いような愛着や執着心は人類が生き続けるかぎり、すたれることはないだろうというのが持論です。

ややオカルトに近いようなことを述べてしまいましたが、私の説はさておいて、**純金の積み立ては堅実な投資法です。**

1000円からできて、相場に振り回されることなく、コンスタントに投資できる。

ぜひ、あなたのお金を有効に使うための選択肢の一つとして検討してみてください。

金なんかよりも先に、日本円が暴落するかもしれませんよ、なんて、冗談？　です??

6 銀やプラチナの積み立ては、ぼちぼち行おう

純金積立がいいなら、銀やプラチナはどうなのか?

当然の疑問です。

プラチナや銀もまた投資対象になりえます。

どちらも金同様、実物資産であり、そのもの自体に価値があるからです。

とりわけ、世界中のどこでも価値が認められているという点では、プラチナは金にひけを取りません。世界的な信用力があるため、今後も需要がゼロになることはないでしょう。

銀も同様です。

コツコツ毎月少ない金額で買い足していける、積み立てというシステムは、プラチナにも銀にも向いていると言えるかもしれません。

純銀・プラチナ積み立て

	積み立て金額	手数料
田中貴金属	月々3000円〜	一律2.5%
マネックス証券	月々1000円〜	一律2.5%
楽天証券	月々1000円〜	一律2.5%

ただし、プラチナや銀は工業用の原料として使用されるため、金よりも景気に左右されやすいデメリットがあります。取引価格がドル建てで決まることが多いため、対ドルの為替相場の動きによって、大きく価格が上下することもよくあるのです。

マーケット規模も気になる点です。

プラチナのマーケットは金ほど大きくありません。マーケットの規模は金のおおよそ20分の1程度。産出国が南アフリカやロシアなど一部の地域に限定されているため、大きな市場にはなりにくい。そのため、価格変動が起きやすいのです。

逆にいえば、投資の醍醐味は大きいでしょう。

銀はどうでしょうか。

やはり、投資対象となる実物資産であり、銀貨や宝飾品、太陽光パネルや電子部品といった工業用製品などに幅広く使用されています。金やプラチナと同じように世界中でその価値は保証され、世界のどこでも換金できます。

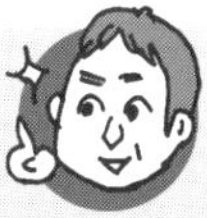

投資対象として銀を見た場合、一番のメリットは割安感。

金やプラチナほど、ハードルが高くないのが魅力でしょうか。

もちろんデメリットもあります。

気軽に投資しやすい反面、プラチナ同様にマーケットが小さく、値動きが荒いのが気になります。逆に、このデメリットにかけて、大きなリターンを狙い、あえて銀に投資する人も少なくありません。

このような銀やプラチナのメリットとデメリットを理解した上で、もし投資をするなら金と合わせて投資するといいでしょう。軸は純金。軸にプラスする形で銀やプラチナに投資するという形がオススメです。

特に、金とプラチナは宝飾品を除いては用途が棲み分けられているため、需要に相関性がありません。2つの金属の相場が同時に下がるということは、ほとんど考えられないのです。一度に無価値になる可能性が極めて低いですから、お互いを補完するという考えで、金とプラチナの両方に投資するというのは、「アリ」だと思います。

銀とプラチナの積み立ては、田中貴金属やマネックス証券や楽天証券などが手がけています。いずれも、価格の高い日には少なく、逆に低い日には多く買うことで、価格変動によるリスクを抑制できる「ドルコスト平均法」を採用しています。

金、そして銀とプラチナ。いずれも気軽にできる投資方法です。

ちなみに私は、金、プラチナ、銀ともに積立投資をしています。妻も、子どもたちも金貯蓄をしています。特に金はここ20年で価格が4倍、私の投資額では2倍になっていますから、もし、子どもたちが今後30年、40年と積み立てていったら、一体どうなるのだろうかと楽しみです。まあ、その結果は見ることができないかもしれませんが……。

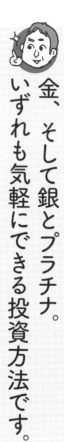

7 海外旅行で金を買おう！ 消費税分が浮きますよ

金は、株や不動産などと比べれば、景気の変動や有事にも、さほど大きな影響を受けない金属です。２００８年のリーマンショックのときにも、金の価格は大きく下落することなく、安定的に推移してきました。

先にお話ししたように、私が投資方法として純金積立をオススメする理由は、まさにそこにあるわけですが、積み立てではなく金を直接購入する方法として、ぜひオススメしたいアイデアがあります。

それは、**海外で実物の金を購入すること。日本を出て、よその国に出かける機会があれば、ぜひ金の購入を考えてみてください。**

なぜ、海外での購入がオススメなのか。それは8％の消費税がかからないからです。

仮に10万円分の金を購入すると消費税は８０００円。この数字は痛いですよね。１オンスの金は、現在14万円ほどしますから、ここに消費税がかかれば15万１２００円です。仕方がないこととはいえ、ちょっとうんざりしませんか。

消費税、高いですよね。実は、金の購入に付加価値税（消費税）を課すのは、日本と韓国とインドぐらいなのです。他の国では基本非課税です。もし、金を買ってみたいのなら、中でも、日本から4時間ほどで行ける香港はベストかもしれません。香港は金融の国で、金が安いのです。

香港で買った金は、日本に持ち帰り、記念にずっと保管しておいてもいいし、もちろん売ることも可能です。香港に行くなら単なる旅行先とだけ考えず、記念に金を買ってもいいでしょうし、金の投資の可能性を広げる場所として検討してみてもいいでしょう。

ただし、金は無尽蔵に持ち込めるわけではありません。金は1人1キロを超える場合、税関で申告が義務付けられています。必ず法律は守ってくださいね。

もちろん、国内で消費税を支払って買ってもいいと思います。わざわざ金だけ買いに香港に行くのは、費用もかかりますから、純粋に投資だけを考えるなら、8%の消費税を払っても安いとも言えます。

旅行の記念についで買いするのか、投資として純粋に日本国内で買うのか、どちらでもいいと思います。ただし、繰り返しますが、法律は守りましょうね。間違っても、密輸みたいなことはしてはいけませんよ。

さて問題です
あまり期待していなかったけど20年後に現在の価値が数倍になったもの何でしょう?
土地~?
ブー金です
ラッキー 100万投じて200万になったよ
すごい倍!!
金に対する人々の愛着執着心は、すたれないと思いますよ
昔から人類は金を崇めてきています
スリスリ
うっとり
金投資は1000円からできますよ
うちの子もやってます
そっかー
今から始めたら子どもの結婚資金とか作れるかも
?

8 株は売らずに配当と株主優待をもらい続けよう

ここまで私は何度も「株の売買はやりません」と書きました。いま現実に株に手を出してはいませんし、積極的にみなさんにオススメするつもりはありませんが、**もし株をやるとすれば、ぜひ長く持ち続けてください。**

そして、**配当と株主優待を楽しみましょう。株を買う意味はそこにあります。**それこそが、企業が生み出す価値に着目することであり、自分のお金の価値を高めていく「投資」なのです。

配当と株主優待に着目して株を買う場合、何を基準にすればいいのか。この答えは難しくありません。

配当の利回りだけに目を奪われず、自分にとって価値のある株主優待を選ぶことです。雑誌やネットの世界には、「高配当」「高優待利回り」という文字があふれていますが、自分にあまり必要のない優待品や、期間や条件が限られていて制約だらけの割引券などをもらっても何の意味もありません。**業績が順調で、あなたにとって「使い勝手」のいい優待を実施している企業を選ぶことです。**

例えば、**もしあなたの旅行が趣味で、飛行機によく乗るのであれば、ANAホールディングスはいかがでしょうか。**

配当は1・84％。1000株以上保有していると、運賃割引券を年間2枚もらえます。この運賃割引券のいいところは、GWや年末年始など、運賃が高くなる繁忙期でも使えること。主要空港には必ずあるANAのDFS（免税店）で買い物をすると10％割引になったり、グループ会社であるインターコンチネンタルホテルなどで使える割引券もついていたりします。株価が300円以上するので、最低投資額として30万円以上が必要ですが、魅力的な投資先の一つです。

大型家電量販店でよく買い物をするという方は、ビックカメラに注目してみましょう。

株価が1000円強で、最低投資額は10万円強。配当は1・14％に過ぎませんが、100株以上の保有者には、年間3000円分の買い物優待券が贈られます。100株を1年以上保有していると、この買い物優待券は1000円分追加され、2年以上になるとさらに2000円プラスされる特典もあります。

ご存じの方も多いと思いますが、ビックカメラは家電量販店でありながら食品も酒も自転車もスーツケースも化粧品も扱っています。生鮮食品以外はほぼ揃うので、買い物の選択肢が広がります。

しかも、この買い物優待券はビックカメラのみならず、同業のソフマップやコジマ、そしてネットショップのビックカメラドット・コムでも利用できるスグレモノ。用途の広い優待券です。

そんなに株を買う余裕などない。この本は少額からできる投資方法を紹介する内容ではなかったのか。

そんなおしかりの言葉も聞こえてきそうなので、**ここで本来に立ち戻り、もっと安い7万円台以下、つまり月額にすれば6000円弱で購入できるオススメの高利回り株をクローズアップしてみましょう。**

合板や建材に関しては国内トップシェアを誇るJKホールディングスの株であれば、100株6万円台から購入できます。地味な業種なので、一般にはそう知られていませんが、業績は好調で5期連続増配という超優良企業。配当は2・34%で、100株以上の株主には年間500円相当のクオカードが進呈されます。優待利回りも0・7%程度。

このほかにも、月額6000円ほどで投資できる要注目の企業としては、名古屋の葬祭業ティアや、山口県のマンション開発業者であるエストラストも面白い存在です。前者は年間3kgのお米がもらえますし、後者は100株以上保有者に対して年間2000円相当のクオカードが贈られます。

6万円以下の株主優待銘柄を探すなら、SBI証券のWebサイトを使いましょう。「優待内容」や「必要金額」「優待利回り」などの絞込検索ができ、優待内容を写真で確認することもできます。自分の生活に使えそうな優待で検索をかけ、配当を踏まえながら、長く投資できる企業を見つけてみましょう。

私も昔、株主優待がもらえる株を持っていました。配当＋株主優待券はとても得した気分でした。結婚式の資金が必要でなければ、そのまま持ち続けてもよかったなあ、といまでも思うことがあります。

一度に購入するのが難しいのなら、「るいとう」で投資する手段もあります。株は長く持ってこそ。愛着を持てる投資先を選んでください。

第4章

ファット財布上等!
いま持つべきカードはコレ!

❶ カードだらけの財布でどこが悪い！スマートな財布では食べられません

クレジットカードにポイントカード。

いろいろな特典を狙って、複数のクレジットカードを持ち、お店ごとに発行されるポイントカードを財布にしまいこむ。この本をお読みのあなたも、大なり小なり、心当たりがあることと思います。

最近は、そうしたカード多数所有者への風当たりが強いですよね。

・普段使うクレジットカードは1枚に絞れ
・ポイントカードのポイントは、たった一つに集約せよ
・カードを絞り込んでスマートに使え

などなど、カードで財布が膨れ上がっている人には耳の痛い言葉が、雑誌にもネットにも氾濫しています。

でも、そうした助言など、私からすれば噴飯ものです。声を大にしてこう言いたい！

カードだらけの財布、上等。カードをたくさん持っていて、どこが悪い！

1枚のカードに絞り込むことができれば、財布はスマートになり、格好いいかもしれません（私はそうは思いませんが）。

しかし、せっかくポイントがつくのにつけられない、貯まったはずのポイントで買い物ができたはずなのに、それができないとすれば、そちらの方が大損でしょ。ポイント＝お金が増えるチャンスを棒にふるなんて、逆にスマートな消費者とは言えません。

ほとんど利用する機会がない店のポイントカードで財布がいっぱいなら別ですが、**利用する機会が多い店が独自に発行しているポイントカードなら、いつも携帯して使うべきときに使う方が賢明です。**

機会を逃してはいけません。機会損失は投資の敵。生活圏内で使用する機会があるポイントカードは、いつも持っておきたい。それが本当のスマートライフです。

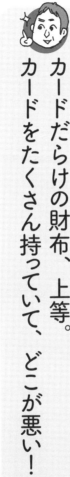

❷ 書店、デパート、量販大手、専門店、ショップカードは必ず持つ！

ところで、日本人のポイントカードの平均所有枚数は平均何枚ぐらいだと思いますか？ ニフティの「何でも調査団」が２０１４年に実施したアンケート調査によれば、ふだん持ち歩いているポイントカードの枚数について74％が「５枚以下」と回答したそうです。

クレジットカードの枚数についてはどうでしょうか。

こちらはジェーシービー（ＪＣＢ）が調査をしています。２０１６年に行った「クレジットカードに関する総合調査」の結果、**クレジットカード保有者一人あたりの平均保有枚数は３・２枚、平均携帯枚数は２・０枚**でした。

さあ、この結果をどう思われますか？ **私の感想は、少なすぎる、信じられない、なぜこれだけなのか、です。**どうして、それだけの枚数で事足りるのでしょうか？ 多いと取り出すのが面倒だから？ レジで取り出すのに時間がかかってしまうから？ 財布が膨らみすぎるから？

ふだん持ち歩いているポイントカードの枚数

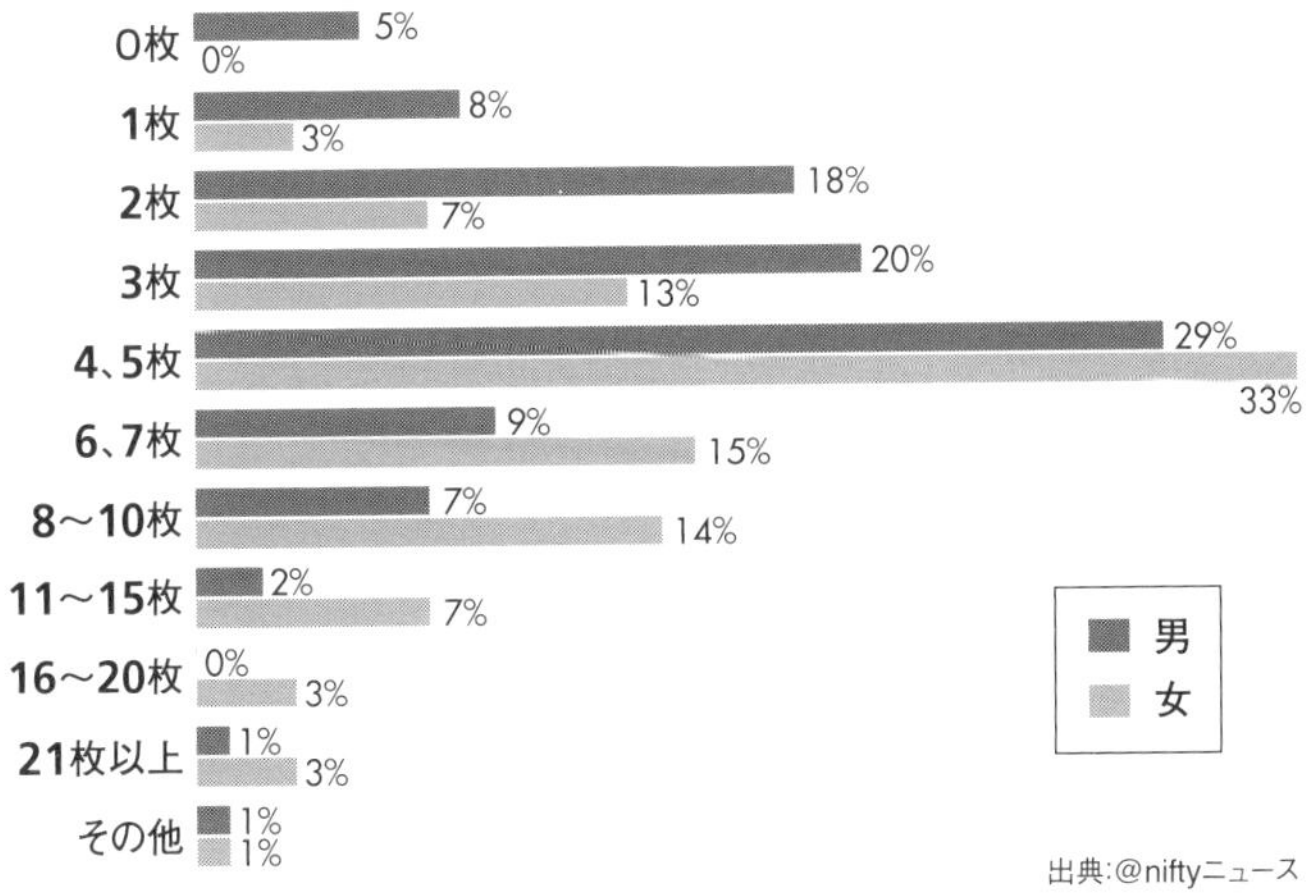

出典:@niftyニュース

もしカードをいちいち取り出すのが面倒ということであれば、流通系、専門店系などにあらかじめ分けておき、レジに行く前に取り出してから、精算すればいいのです。レジでいざ支払いというときにカードを取り出そうとすると、あたふたとしてしまい、後ろの人が気になります。ちょっとした一手間で、これは解決できる問題です。

　財布が膨らみすぎるのがイヤという声には、「それはもう仕方がないよね」と返すしかありません。

　いいじゃないですか、財布が厚くなったって。何が問題なんです？　体裁がいいと使えるお金が増えるんですか？　体裁よりも大事なのは、つくべきポイントが無駄に流れていってしまわないようにすること。

そちらの方が大事です。だって、お金を使

ってポイントがついて、それってお金なんですよ（というか、お金と同じように使える現金等価物）。

いまは、本当に多くのお店がポイントカードを発行しています。

流通系なら、Tポイントカード、nanaco、PONTA、WAON。書店系なら、honto、紀伊國屋、三省堂。百貨店なら、伊勢丹、大丸松坂屋。鉄道系なら小田急、京王、東急。家電量販店なら、ヨドバシ、ビックカメラ、ヤマダ電機、コジマ。ライフスタイル系なら無印良品。外食チェーンならミスタードーナツやドトールコーヒーなど、いろいろあります。

系列化が進んでいるので例えばTポイントカードを持てば、吉野家やファミリーマート、ENEOSでも使えるなど、1枚のポイントカードで利用できるお店の数は増えました。

それでも、**少ない枚数に絞り込むのは現実的ではありません。**

たった1枚のカードだけで、あなたの生活は回りますか？　買い物をするほとんどのお店がその1枚で事足りますか？

そんなことはないはずです。**ショップカードは持ちましょう、持参しましょう。そして使いましょう。恥じることなど何もない**のですから。

3 お金を使ってお金が入るなんて夢のよう 映画好きにシネマイレージは必須

お金を使いながら、お金が手に入る。

カードを使えば、そんな夢のような話も夢ではなくなります。

わかりやすいように表現を変えましょう。

何か買い物をするときにカードを使って支払い、そこで貯めたポイントでまた買い物ができれば、それはすなわち「お金を使ってお金が入ってくる」ことなのです。

例えば、**ＴＯＨＯシネマズが発行しているシネマイレージカード**です。クレジットカード機能があるものとないものの２種類があり、どちらも年会費は３００円。ただし、クレジット機能つきであれば初年度は無料。また、年１回でも利用すれば次年度も無料です。

どちらにしても、**映画が好きで新作をよく観にいくのであれば、ともかくカードを作る**

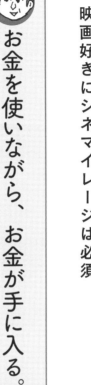

ことをオススメします。映画好きなら絶対に放っておけないカードのはずです。

このシネマイレージカードを使ってＴＯＨＯシネマズで映画を見ると、６本鑑賞すると１本が無料になります。一般成人の映画料金は１８００円。６本見て１本がタダになるということは約17％の還元率。びっくりする数字ではないですか。

毎週火曜日は１４００円で鑑賞できるという特典もあります。映画の上映時間1分を１マイルとして換算し、見ればみるほどマイルが貯まっていく特典もこたえられません。

映画の上映時間は1本平均１２０分。１本見れば、１２０マイルは貯まります。貯めたマイルは、３００ポイントでグッズ抽選に応募でき、１０００マイル貯まればドリンクやポップコーンに、６０００マイルで映画館の「１ヶ月フリーパス」に交換できます。

マイルの有効期間は、登録された年の翌年の年末まで。６０００マイル貯めるには、１年間に50本の映画を見なければなりませんが、１０００マイルなら約8本で達成できます。これは容易に達成できそうですよ。

もちろん、１カ月に4本以上映画を見るという人なら、６０００マイルのゴールはまったく遠くはありません。

映画好きにとって、シネマイレージカードは「お金を使いながら、映画代が無料になり、特定の曜日には映画代が割引になり、コンスタントに利用すればフードやドリンクとも交

換できる」、つまりは「お金を使いながらお金が手に入る」カードなのです。

映画をオトクに見る方法について、もう少し紹介しておきましょう。

ａｕの携帯電話をお持ちで、ａｕ ＷＡＬＬＥＴ（ａｕウォレット）も使っているという方は、ＴＯＨＯシネマズの映画料金をａｕウォレットで支払いましょう。ポイントが３倍貯まります。

さらに、ａｕでは機種変更時の割引条件の中に、スマートパス加入が必須となっているため、ユーザーのほとんどはａｕスマートパスに加入していることと思います。

このａｕスマートパスを使ってＴＯＨＯシネマズで映画を見れば、毎週月曜日には映画料金が１１００円になるという特典もありますよ。６７０円のポップコーンセットも半額になります。

使い方は、ａｕスマートパスからクーポンをダウンロードして、劇場で提示するか、ネット予約の場合にはクーポン番号を入れるだけ。それだけで映画代が一般成人の場合、７００円もオトクになるわけです。

ａｕスマートパスは、有形のポイントカードではなく、スマホに搭載された一種のポイントカードといってもいいでしょう。

世の中にはこうした便利でトクになる仕組みがたくさんあります。映画館には映画好きのためのサービスが、ファッションの店ならファッション好きのためのサービスが多数用意されています。

ファンを増やそうと店や企業が練りに練った仕組みの中から、自分の趣味嗜好、行動半径の中から使えるサービスを選びましょう。オトクなカードを持ちましょう。

絞り込む必要などありません。持ちたいだけ持てばいいのです。

4 ３００円が実質タダ！ その上、ドトールバリューカードはポイントが貯まる

私はよく外で仕事をしています。喫茶店は第二の仕事場といってもいいでしょう。いろいろなお店を利用しますが、中でもお気に入りは**ドトールコーヒー。コストパフォーマンスがいい上に、ポイントカードも非常によくできている**からです。

たかがコーヒーチェーンのカードというなかれ。

ドトールバリューカードは素晴らしい特典を備えたカードです。

ドトールバリューカードは、楽天Ｅｄｙと同じようなプリペイドカード。ドトール全店共通の独自の電子マネーです。

あらかじめお金をチャージしておき、必要なときにカードをかざして支払いができるシステムで、最初にカードを買うときに３００円必要ですが、発行と同時にポイントが３０

0ポイント貯まるので、実質無料。チャージは1000円単位で上限は3万円という設定です。

利用するときは、10円単位で支払いが可能で、購入金額の1%がポイントとして貯まります。これだけを見ると、あまりオトクなカードのようには思えませんよね。

しかし、ここからがすごいのです。

ドトールバリューカードは、**2000円以上のチャージをするたびに、チャージ金額の5%がポイントとして還元**されます。

つまり、ドトールで商品を買ったときだけでなく、チャージするときにもポイントが貯まってしまう。還元率は6%（購入金額の1%とチャージ金額の5%）ですから、ひんぱんにドトールを利用するという方は「手に入れないと損」なカードです。

クレジットカードでもチャージできるのも素晴らしい。クレジットチャージは1000円、2000円、3000円、5000円、1万円と分かれています。クレジットカードを利用してチャージすれば、クレジットカードとドトールバリューカードのポイントが一気に貯まる。まさに一石二鳥です。

さらに特筆すべき点があります。

ドトールバリューカードは、ヘビーユーザーになればなるほど還元率が高くなるんですね。ドトールでの年間購入額が2万円以上の場合、翌年のポイント還元率は7%になり、5万円以上ともなれば10%に跳ね上がります。

年間購入額2万円という金額はハードルが高そうに見えますが、計算をすると、さほどでもありません。例えば、1週間に400円分、ドトールでコーヒーでも飲んでいれば、1年で軽く2万円を上回ります。

年間購入額が5万円だとどうでしょうか。

毎週1000円分ドトールを利用すれば、あっさり5万円を超えてしまいます。ランチの後につい寄ってしまった、朝カフェセットをしょっちゅう頼んでいる、ちょっと気分転換に、とついついドトールを利用してしまうという方なら、案外ハードルは低いのではないでしょうか。

注意したいのが、ドトールバリューカードの残高は、カードの最終利用から3年、ポイントはドトールバリューカード最終利用から1年という期限が設定されていること。もっとも、最終利用には残高照会というアクションも含まれているので、実際にお店を使わなくても残高照会さえしておけばOKです。

残高照会をするには、ネットから「マイドトール」に会員登録をしておかなければなりませんので要注意。会員になればネットからチャージもできます。

以上、非常にメリットの多いドトールバリューカードについて紹介しました。

あなたもぜひ、**ご自分のライフスタイルや購買シーンなどを踏まえつつ、ポイント還元率の高いカードを探してください。自分がよく利用する店や食べ物などを振り返ると、利用すべきポイントカードが見つかるかもしれません。あなたのふだんの買い物が、思わぬ「投資」となって返ってくる可能性がある**のです。

5 ドトールほどではないけれどスタバカードも使えなくはない

コーヒーの味の好みとしては、私は断然ドトール派。味的にはスターバックスが、なぜあんなに人気があるのか、いまひとつわからないままですが、それでもスターバックスは利用します。店が広く、居心地もいいし、仕事先の近くに店があったり、Ｗｉ‐Ｆｉが無料で使えたりと、自分にとって便利に使えることも多いからです。

そんな消極的なスタバ派の私ですが、利用するからには便利な仕組みを使わなければ、とスタバカードを作って活用しています。このスタバカードは店で利用できるプリペイドカード。店頭もしくはオンラインでチャージしながら使うカードで、１０００円以上から１円単位の３万円までチャージできます。

スタバカードのいいところは、このチャージがクレジットカードでできること。キャンペーン実施時ですが、１回に５０００円をチャージすると、年に2回、コーヒー１杯が無料になるドリンクチケットをもらえます。

また、ＡＮＡマイルを貯めている方には見逃せない特典もあります。ＡＮＡが発行しているクレジットカード「ＡＮＡカード」でチャージをすると、その都度１００円ごとに１

マイル貯まり、さらにお店でコーヒーを注文してANAカードで支払いをすれば、100円ごとに1マイルが加算されます。100円ごとに2マイルを獲得することができるんですね。

注意点としては、スターバックスのWeb上で、事前にスターバックスカード番号を登録し、オンラインでチャージする際に、ANAカードを選択しておくこと。両者の紐づけを忘れては、せっかくの特典がだいなしです。

スタバカードを持っていると、店頭での支払いも楽ですし、万が一カードをなくしてしまっても、残高が補償されるのもありがたい。アメリカ発のスターバックスは、意外に(?)便利で使いやすいコーヒーチェーン。**ちょっと息抜きに利用する機会が多いという方は、ぜひスタバカードを作りましょう。ちりも積もれば山となるは本当です。**

6 楽天に囲い込まれそう!? 楽天カードの支払いと引き落としでダブルポイント

日常生活で買い物をするとき、私がメインに使っているカードは楽天カードです。

ポイントが数倍になるセールのお知らせがメールで届くと、このときとばかりに毎日使っているジャムをまとめ買いしたり、ミネラルウォーターを大量に買ったりと、すかさず利用して、ポイントを貯めています。ある意味、私の生活は楽天に囲い込まれていると言えるかもしれません。

しかし、**楽天カードを持っていても、とことん活用している人は案外少ない**ようです。

ここでは私の経験を踏まえて、**楽天カードの賢い活用術**を紹介しましょう。

楽天カードを使うと、もれなくついてくる**楽天スーパーポイントには、2種類あります。**

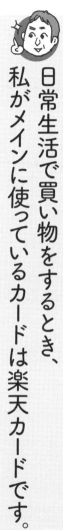

一つは普通のポイントで、もう一つは期間限定のポイント。約40〜45日の期間がすぎると使えなくなるポイントがあるのはデメリットですが、これは気にしないのが一番です。

期間限定ポイントがあって、それを増やすために買い物をするというのは本末転倒。残っているポイントを使ってしまわなければ、何かに交換するためにもう少し買い物をしなければと、はやる気持ちは、無駄使いのもとでしかありません。

これは**すべてのポイントカードに言えることですが、有効期限については諦めが肝心です**。**有効期限を気にして買い物をするのではなく、貯まったポイントはできるだけ素早く使うようにする**。それでポイントが残るようであれば、もう仕方がない。一定のポイント数に達しなければ使えないという場合でも、無理をする必要はありません。

さて、話を楽天カードに戻しましょう。

楽天カードでは、さまざまなキャンペーンを実施していますが、すべてに対応するのは現実的には無理。キャンペーン期間中にエントリーして、一定額の買い物をすると、全額ポイントが還元されるキャンペーンもありますが、必要のない買い物はやめましょう。

それよりも**注目すべきは、毎月1回開催されるポンカンキャンペーンです**。期間中に楽天のサービスを利用した回数で獲得ポイントが増えるという内容で、3つのサービスを利用すればポイントが2倍に、4つのサービスで3倍に、5〜6サービスで4倍になります。

ここでいうサービスは、楽天市場、ケータイ版楽天市場、楽天ブックス、楽天トラベル、楽天ＧＯＲＡ、楽天Ｋｏｂｏ。６つを網羅すればポイントが４倍に増えるのです。

セブン・イレブンやイトーヨーカドー、西武百貨店、デニーズなどで使える電子マネーのｎａｎａｃｏとうまく連携させられるのも、楽天カードのメリットの一つ。ＪＣＢと提携した楽天カードのみの特典ですが、ｎａｎａｃｏにチャージすれば、楽天スーパーポイントが貯まります。これは見逃せないポイントですよ。

というのは、**数ある電子マネーの中でもこのｎａｎａｃｏカードだけが税金の支払いができる**からです。つまり、楽天スーパーポイントの分だけ、税金が割り安になる。わかりづらいかもしれないので、手順を詳しく説明しましょう。

まず、ＪＣＢのついた楽天カードでｎａｎａｃｏに2万円チャージします。このとき楽天スーパーポイントが200ポイント貯まります。チャージしたｎａｎａｃｏで国民年金や国民健康保険の支払いをすれば、間接的ではありますが、楽天スーパーポイント分だけ安くなるということです。

楽天カードには、引き落としに楽天銀行を選ぶと、普通預金金利が０・０2％から０・０4％と2倍になる特典もあります。そのために、わざわざ楽天銀行に口座を開く必要はありませんが、もし口座があるのなら引き落とし先に指定しておくことを忘れずに。

ボクがメインに使っているのはズバリ楽天カード
あー
私も持ってますー
ポイント貯めてますー
ポイントを貯めるのにおさえておきたいのはこの2つ!!
1つ目は楽天のサービスを利用した回数で増える毎月1回のポンカンキャンペーンの利用
楽天カード
2つ目はnanacoにチャージして楽天スーパーポイントを貯める方法
電子マネーの中でnanacoだけが
税金の支払いができるんだよ☆
2万円のカードチャージ
(カード還元率1%) で
200円貯まる
nanaco
税金の支払いでポイントGetなんてラッキー♪
うっとり…♡
グー
ホクホク

❼アトレビューＳｕｉｃａカードで Ｗポイント＋チャージ＋ルミネ商品券も！

私がオススメするクレジットカードと、その使い方。

次なる優良カードは、アトレビューＳｕ・ｉｃａカードです。

このカードは本当に重宝しています。Ｓｕｉｃａのオートチャージ機能にＳｕｉｃａ定期券が付帯したクレジットカードで、アトレのポイントカード「アトレカード」もついているカードです。

初年度の年会費は無料。２年目以降の年会費は、税抜きで４７７円。税込みだと５１５円となります。

なぜ、このカードがそんなにいいのか。もっとも大きな理由は私がふだん、交通機関としてＪＲをよく使い、ＪＲ東日本グループの駅ビル・アトレもまたよく利用するためです。

そして**最大の理由は、アトレで買い物したときに貯まるアトレクラブポイントが３倍になる**から。通常であれば1ポイントしか貯まらないのに3ポイントがつくのです。税抜きなのがネックとはいえ、**３％近いこの還元率は魅力的**です。

ポイントについてもう少し詳しく説明すると、**アトレとアトレヴィ（アトレの小型店）で利用すると、利用金額１００円（税抜き）ごとに３ポイントが貯まります。１ポイント＝１円で利用できますから、還元率は３・０％**。貯まったアトレポイントは５００ポイントで、５００円分の商品券と交換できます。アトレおよびアトレヴィで利用できる商品券です。

税抜きで1万６７００円以上使えば、５００ポイントは貯まる計算ですから、**年会費もすぐに元がとれる**計算です。

また、**このカードで年間５万円以上使うと、アトレクラブポイントが５００ポイント追加でもらえる**のもありがたい。年間5万円というと一ヶ月あたり約４２００円です。食品を買ったり、食事をしたりすれば、あっという間に到達できる金額でしょう。

アトレビューＳｕｉｃａカードのさらにうれしい点は、アトレやアトレヴィで頻繁に「アトレカードハッピーＷポイント」を開催していて、このときにカードで買い物をすると１

00円（税抜き）ごとに4ポイントがもらえること。還元率がいきなり4・0％に跳ね上がります。

そして、忘れてはならないのが、このカードとは、ビューカードが発行するクレジットカードでもあるということ。1000円（税抜き）ごとに2ポイント分のビューサンクスポイントが自動的に貯まります。

このビューサンクスポイントは1ポイント＝2・5円でSuicaポイントに交換できるため、還元率は0・5％。つまり、この還元率を考慮すると、トータルでの還元率は3・5～4・5％になるわけです。

このカードを使ってJR東日本でオートチャージすると、ビューサンクスポイントが1000円ごとに6ポイントつくことも強調しておきましょう。つまりポイント還元率1・5％のメリットも享受できる。通常の3倍にあたるポイントを取得できるのです。

明細書を郵送ではなく、Webで確認する方法を選べば、毎月20ポイント（50円分）が加算される特典も見逃せません。1年間で600円。小さいようで意外に使い出のある数字です。

なお、**貯まったビューサンクスポイントは、Suicaにチャージできますが、もし商品券に替えるのなら、ルミネの商品券がいいでしょう。**810ポイントで2000円分（1

ポイント＝2・46円）の、1410ポイントで4000円分（1ポイント＝2・84円）の商品券に交換できます。

ちなみに、JR系のカードでは、**ルミネカードも優れもの**です。私は自分の行動範囲内にルミネがないため持っていませんが、**常時5％オフ、時には10％オフで買い物ができて、ルミネ内の書店でも5％オフで本が購入できる**ルミネカードは、実にお得なカードではないでしょうか。

アトレやルミネでよく買い物をするという方であれば、ぜひともどちらかのカードは持っておくことをオススメします。

8 無印良品ファンならスマホとMUJIカードを使わない手はない

あなたは無印良品がお好きですか？　特別に好きではなくても、家の中を見渡せば無印良品の一つや二つは転がっているのではないでしょうか。無印良品は、レトルトカレーやお菓子などのファンも多く、私の周りにも愛用者はたくさんいます。

私もそれなりのファン。ちょくちょく利用させてもらっていますが、**無印良品で買い物をするときには100%、MUJIカードを使っています。**

このカードは、ぜひ作った方がいい。大ファンではなくても、無印良品をそこそこ利用するという人にもメリット大。使えるカードの一つです。

MUJIカードは、VISAかアメリカン・エキスプレスのどちらかを選ぶ形です。

・VISA　年会費永久無料
・アメリカン・エキスプレス　年会費3000円（税別）

アメリカン・エキスプレスには保険が付帯するという特典はありますが、その特典を特に必要としていないのであれば無料のＶＩＳＡで十分でしょう。
さて、このＭＵＪＩカードのうれしい点を以下にまとめてみました。

1. ＭＵＪＩカード１０００円の利用で永久不滅ポイントが3ポイント加算される
2. クレディセゾンの永久不滅ドット・コムを経由して、無印良品ネットストアで買い物すると、１０００円ごとに永久不滅ポイントが5ポイント加算される
3. 入会時にＭＵＪＩショッピングポイントが無条件で１０００ポイントつく（有効期限6ヶ月）
4. 毎年5月と12月に５００ポイントずつつく（有効期限1ヶ月）
5. 誕生月にこのカードで買い物をすると、翌月に５００ポイント加算される（有効期限１ヶ月）

いかがでしょうか。メリットてんこ盛りだと思いませんか？

１で貯めた永久不滅ポイントは、２００ポイント＝ＭＵＪＩショッピングポイント１２００円分に交換できるので、還元率は１・８％。注目の高還元率です。

カードを持っただけで１０００円分、毎年２回各５００円、トータルで２０００円分のポイントが手に入るとは、かなり太っ腹なカードではないですか。

5の誕生月のポイントプレゼントは、「買い物をする」という条件つきではありますが、少しでも買えば、翌月に500円分のポイントがつくのですから、よく無印良品で買い物をするという方は必ず忘れずにカードを使いましょう。

無印良品は、カードだけでなく、アプリも非常に魅力的。専用アプリのMUJIパスポートをダウンロードし、MUJI.netメンバーに登録をして、MUJIカードと紐づけしておくと、MUJIショッピングポイントをさくさくと貯めることができるのです。

無印良品では、春と秋を中心に毎年5回前後、全品10%オフの「無印良品週間」を開催していることをご存じでしょうか？　開催期間は1回あたり11～25日ほど。一年にならすと、かなりの期間、セールをやっていることになりますが、MUJIパスポートをいったんダウンロードをしておけば、事前に優待価格で買い物できるクーポンが届きます。

また、このアプリを入れておけば、1円＝1マイルのMUJIマイルがアプリ内に貯まり、貯まったMUJIマイルはMUJIショッピングポイントに精算されます。手のかかる手続きは必要なし。つまり、永久不滅ポイントを貯めたいという人以外は、ふだんはこのアプリ一つで事足りる、利便性の高い仕組みです。

所有しているMUJIマイル数によってステージがアップすると、MUJIショッピングポイントがプレゼントされるのも、無印ファンならたまりません。

ＭＵＪＩマイル数が2万以上であればシルバー会員となり、ＭＵＪＩショッピングポイントが２００ポイント贈られます。５万以上ならゴールド会員となり、送られるＭＵＪＩショッピングポイントは３００ポイント、10万以上のプラチナ会員なら５００ポイント、20万以上のダイヤモンド会員なら１０００ポイント。ＭＵＪＩマイル数のハードルは高そうに見えますが、洋服を買ったり、家具を買ったりすれば5万円分のＭＵＪＩマイルはすぐに到達しそうです。

新生活の前に無印良品でインテリアを一新したいというときなどは、まずＭＵＪＩカードを作り、ＭＵＪＩパスポートをダウンロードしましょう。買い物はそれからです。

9 Tポイントカードは使いまわせ！ついでにソフトバンクの電話代でもポイントをゲット

いまや所有者数が6000万人を超えているTポイントカード。黄色と青のコンビネーションカラーが目印のこのカードは、きっとあなたの財布にも入っていることと思います。**200円ごとに1ポイントが貯まっていくTポイントカードの還元率は0・5％。効率よく貯まるカードとはいえませんが、魅力はとにかく使える場所が多いことです。**大げさなようですが、あらゆる業種におよんでいます。

しかし周りに聞いてみると、案外決まったところでしか使っていないという方が多いんですね。TSUTAYAで使い、ファミリーマートで使い、ENEOSで使い……。そんな限定的な利用ではもったいない。

店舗だけではなく、交通機関や金融機関、引っ越しサービスなどでも使えるところが増えてきています。次ページで、現在Tポイントカードが使える店やサービスを一覧表にしてみました。

Tポイントカードが使える主な店やサービス

コンビニ	ファミリーマート、スリーエフ
スーパー	マルエツ、東武ストア、クイーンズ伊勢丹、ヤオマサ、富士シティオ、タウンプラザかねひで、レッドキャベツ、プラッセ&だいわ、リウボウストア
百貨店	三越、伊勢丹、丸井今井、岩田屋、デパートリウボウ
ドラッグストア	ウエルシア、ハックドラッグ、マルエドラッグ、B.B.ON、ドラッグイレブン、ドラッグユタカ、ドラッグストアmac、金光薬品
ホームセンター	ジョイフル本田
家電	エディオン、日立チェーンストール
ネットショッピング	シャディギフトモール、ニッセン、ヤフーショッピング、famima.com、LOHACO、UNiCASE（iPhoneケース／アクセサリー）、アマナイメージズ（写真・イラスト素材）、Tモール、ギフトランド／お土産宅配便、カメラのキタムラネットショップ、GREEN DOG、TSUTAYAオンラインショッピング、Tプリント（ネット写真プリントサービス）、ネットオフ、マイナビBOOKS
飲食関連	ガスト、バーミヤン、夢庵、グラッチェガーデンズ、藍屋、ステーキガスト、ジョナサン、しゃぶ葉、ドトールコーヒーショップ、エクセルシオール カフェ、吉野家、牛角、ロッテリア、情熱ホルモン、食べログ、キリンビバレッジTポイント自動販売機
デリバリー	ガストの宅配、バーミヤンの宅配、ジョナサンの宅配、上海エクスプレス、ニューヨークニューヨーク、宅配弁当 菱膳、松花堂 円山、寿司処 菱膳、出前館
ファッション	洋服の青山、THE SUIT COMPANY、キャラジャ、NEXT BLUE、Polo Ralph Lauren Factory Store、ミフト（靴専門店）、ファミリア、アシックス、オニツカタイガー、ホグロフス、ニッセン
眼鏡・コンタクト	眼鏡市場、ALOOK、レンズスタイル／レンズダイレクト、コンタクトのアイシティ、コンタクトランド、メガネのアイガン
通信	ソフトバンク、トーンモバイル
映像・音楽・書籍	TSUTAYA、蔦屋書店、WonderGOO、新星堂、BOOKSmisumi、TSUTAYAオンラインショッピング、TSUTAYA DISCAS、TSUTAYAネット買取、TSUTAYAミュージコ♪、GYAO!ストア、レグザクラウドサービス、TSUTAYA TV、旭屋書店、Shufoo!（折込チラシ）、BookLive!、Honya Club With、マイナビBOOKS、ネットオフ、復刊ドットコム、Yahoo!ブックストア、毎日新聞
インターネット総合	Yahoo! JAPAN、マイナビ
ホテル・旅行関連	東急ホテルズ、恩納マリンビューパレス／喜瀬ビーチパレス、yoyaQ.com（宿予約サイト）、アーク・スリー・インターナショナル、ギフトランド／お土産宅配便、Tトラベル、Yahoo!トラベル、マイナビトラベル、Tポイント付きキャッシュパスポート（海外専用プリペイドカード）
カメラ・写真・素材	カメラのキタムラ、スタジオマリオ（写真館）、カメラのキタムラネットショップ（カメラ用品）、アマナイメージズ（写真・イラスト素材）、オールスポーツコミュニティ／スナップスナップ、Tプリント（ネット写真プリントサービス）
スポーツ	アルペン、ゴルフ5、スポーツデポ、パシフィックゴルフマネージメント、アシックス、オニツカタイガー、ホグロフス、福岡ソフトバンクホークス、鹿児島高牧カントリークラブ、喜瀬カントリークラブ、ブリヂストンスポーツ

改めて表を見るとびっくりしませんか。三越、伊勢丹でも使えるし、ジョイフル本田でもＴポイントが貯められる。使える店は増える一方です。

ここで、私なりのＴポイントカードの貯め方をご紹介しましょう。ただし、ソフトバンクの携帯電話を使っている方限定です。

ソフトバンクと契約をしていると、毎月の利用金額に応じてＴポイントが貯まります。ここまでは既定路線ですが、**Tポイントカードを使って通信料を割り引くことができる**のです。

スマホの通信料はバカになりません。貯まったＴポイントカードの有効な使い道ではないでしょうか。

ふるさと納税に使うという手もあります。

Ｙａｈｏｏ！が展開しているサービスの中に、「Ｙａｈｏｏ！公金支払い」というものがあります。ここを経由すると、クレジットカードだけでなく、Ｔポイントからの支払いもできるのです。

第2章で紹介しましたが、ふるさと納税は寄附金を先払いする形ですが、Tポイントカードを使えば、支払う現金を少なくすることもできる。これは便利です。

公金ですから、ふるさと納税だけでなく、固定資産税、自動車税、住民税などの税金から、国民健康保険料、介護保険料、水道料金、ガス料金、NHK放送受信料なども網羅しています。ポイントを貯めると同時に、貯めたポイントをどのように使うか、どう使ったら自分にとってはメリットがあるのかも考えておくといいでしょう。

Tポイントカードは高額のポイントが貯まりにくいですが、それでも、提携先が多いので、どこかでポイントが使えないか、貯められないか、見逃している場所はないかを常にチェックしています。

ポイントのチャンスロスは徹底排除。見過ごしてはいけません。

10 Amazonよりすごい!?
ヨドバシゴールドポイントカードなら全商品送料無料だ

日本でAmazonと対等に戦える会社があるとすれば、それはヨドバシカメラかもしれない。そう思わずにはいられないほど、ヨドバシカメラのオンラインサイト、ヨドバシ・ドット・コムは元気です。日々、進化を遂げています。

扱いカテゴリーの広さは、もはやAmazonとほぼ同じ。家電、PC、AV製品から、化粧品、食品、酒、文房具、ファッション、本まで、商品カテゴリーは現在、23ジャンルに広がっています。

何よりすごいのが、すべての商品が送料無料であること。

Amazonの場合、プライム会員になっても、あわせ買い対象商品やAmazonマーケットプレイスの商品で出品者が送料無料としていない場合は、送料無料が適用されま

せんが、ヨドバシ・ドット・コムは何から何まで本当に送料無料。例外はゼロです。

そして、ここからが重要なのですが、**ポイント統合をすれば店舗での買い物で貯まったポイントをヨドバシ・ドット・コムでも使えるし、その逆もできます。**

さらに、**店頭で買い物をする際、クレジットカードで支払っても、ポイントへの還元率は10%で、現金と同じ。**スマホ向けアプリ「ヨドバシゴールドポイントカード」を事前にダウンロードしておくことが必要ですが、手間としては微々たるものでしょう。

7000円を超える商品については、ネットで買っても実店舗で買っても、購入日から90日間補償される「ヨドバシ・ドット・コム会員お買い物プロテクション」サービスが適用されます。

ヨドバシゴールドポイントカード（入会金、年会費無料）もありますが、**クレジット機能付きのヨドバシゴールドポイントカードプラスを作り（入会金、年会費無料）、このカードで支払うと還元率が1%アップします。**クレジットカードで支払うと還元率が下がる店が大半の中、この特典はすごい。

ヨドバシカメラをメインに普段の生活を回しているのであれば、絶対に持った方がいいと断言できるカードです。

⓫東海道新幹線に何度も乗るならＥＸ‐ＩＣカードで安く乗って、グリーン特典も手に入れよう

東海道・山陽新幹線を頻繁に利用しているという方は、ぜひＥＸ‐ＩＣカードを持ちましょう。

私は仕事で東海道新幹線によく乗っていますが、このＥＸ‐ＩＣカードのおかげで、安く素早く利用できるようになり、かつポイントを使って、よくグリーン車にも乗ります。

東海道・山陽新幹線では、インターネット予約サービス「エクスプレス予約」を導入しています。ＥＸ‐ＩＣカードとは、この「エクスプレス予約」の会員に配布される専用のＩＣカードのこと。「エクスプレス予約」を利用するには、まずＪＲ東海エクスプレス・カード、またはＪＲ西日本Ｊ‐ＷＥＳＴカード（エクスプレスカード）に入会しなければなりません。

年会費は、毎年１０００円。しかしこの会費は全然高くない。新幹線のヘビーユーザーなら、この会費以上の価値は確実にあります。

さて、ＥＸ‐ＩＣカードのメリットは以下の通り。

1．東海道・山陽新幹線（東京‐博多間）の自由席、指定席、グリーン席をＰＣ、スマホから予約できる

2．新幹線の乗車駅～降車駅の特急券と乗車券をいっしょに安く予約できる

3．座席指定も可能

4．切符を購入することなく、タッチするだけで乗車できる

5．予約後、3ヶ月以内で、切符を受け取る前、もしくは発車時刻前なら手数料無料で変更可能

6．乗車するたびにポイントが貯まる

2についてもう少し詳しく説明しましょう。

ＥＸ‐ＩＣカードは新幹線のみを利用したときに有利なカードです。

例えば、東京‐新大阪間を利用した場合、通常の料金は乗車券と特急券合わせて1万4

450円ですが、EX-ICカードを使うと、1万3370円になります。

このサービスでは、新幹線の乗車駅〜降車駅の「特急券」だけを予約できるe特急券サービスもあります。e特急券を予約・購入し、駅で紙の特急券に交換して新幹線に乗車する仕組みですが、このサービスを使うと、東京-新大阪間は1万3570円。EX-ICカードは、e特急券と比較しても200円割安なのです。

ただし、EX-ICカードは、在来線への乗り継ぎがある場合には、別途乗車券を購入しなければなりません。新幹線の駅から乗車し、新幹線の駅で降りるという用途においてメリットのあるサービスといえます。

6のポイントについては、本当に重宝しています。

乗車するたびに、利用区間に応じてポイントが貯まっていくので、ヘビーに新幹線を使う人は、すぐにグリーン車に乗車できる「グリーン特典」に達してしまうはずです。

例えば、東京から新大阪の片道利用だけで貯まるポイント数は90ポイント。往復すれば180ポイントになります。

一方、グリーン車に必要なポイント数は以下の通りです。

のぞみ　1000ポイント
ひかり　800ポイント

こだま　600ポイント

つまり、**東京・新大阪間を6往復すればのぞみ、5往復すればひかりのグリーン車のシートに替えられる**のです。

予約方法も簡単です。エクスプレス予約画面から「グリーン特典の申し込み」を選ぶだけ。ポイントの有効期限が乗車日の翌年6月末（23時半）までというのは、ちょっと覚えにくいのですが、よく新幹線を利用する方はポイントが貯まったら、さっさとグリーン特典に替えましょう。それが一番の解決策です。

⑫ いまさらながらチケットショップの力に驚いた

昔はよく利用していたけれど、最近はチケットショップや金券店に行っていないな。そんな方はいませんか？

実は私もそのクチでした。ほとんど利用しなくなり、店頭をのぞくことすらしなくなっていましたが、先日、何気なく店に足を運んでみたら、まだまだ**チケットショップにはお宝が眠っている**ことを実感しました。

私をびっくりさせたのは、**京成スカイライナーのチケット**です。

成田空港に行くときの足であるスカイライナーのチケットは正規に購入すると、乗車券が1240円、ライナー券（特急券）が1230円、合計2470円かかりますが、チケットショップには株主優待乗車証（株主優待券）が900円で販売されていました。この株主優待乗車証を使うと、なんと、上野から成田空港まで、1240円かかるところが900円で行くことができるのです。

特急券の方はたいした割引率ではありませんが、それでも回数券のバラ売りが1200円程度で販売されていますから、合わせると2100円くらい。普通に買うよりも、40

0円近く安い値段で成田空港に行けるのです。

現在は、東京駅から成田空港まで片道900円、1000円の格安バスが頻繁に出ているので、東京駅に出やすいという方にはそちらの方がオススメですが、スカイライナーの方が成田空港に行きやすいという方はオトクです。

このほか、チケットショップにはVISA、JCBなどクレジット会社のギフト券も1.5%ほどの割引率で販売されていますし、ファミレスなどで利用できるジェフグルメカードなら4%引き程度で手に入ります。

自分の行動パターンを見直し、利用できそうなチケットを探して、割引率をチェックすると思わぬ掘り出しモノが見つかるかもしれません。まだまだチケットショップのパワーは健在です。

さてさて、**世の中、「かたづけ」とか「断捨離」とか流行っていますが、私の財布はそれとは縁遠い。でも、いいじゃないですか。**

ファットな財布で使えるお金が増えるなら、全然問題ない。

カードだらけの財布で何が問題なんですかね？　カードだらけの財布万歳！　膨らんで、一生懸命働いてくれる財布に感謝をささげて、この章を終わりにしましょう。

第5章
オカネイラズの時代が再びやってきた！

❶ゼロ円で富を生み出す究極の錬金術、ただし素人版

何の技術も知識もいらず、投資ゼロ円で利益を挙げられる……。この章は、まるで錬金術のような方法から話を始めることにしましょう。

この錬金術には、もちろんからくりがあります。デメリットも多少あります。ただし、日常生活に支障をきたすほどではありません。誰にでもできるゼロ円でのお金の稼ぎ方。

それは、アフィリエイトによるセルフバックという方法です。

アフィリエイトとは、ものすごくおおざっぱに言えば、自分のブログやホームページで企業や店の商品やサービスを紹介し、それが第三者に売れると成果報酬が手に入る仕組みです。本来は、他人に買ってもらわなければ報酬は入りませんが、中には、自分で申し込んだだけで報酬を稼ぐことができる商品やサービスもあるのです。

自分自身（セルフ）で申し込んで、自分に利益が還元される（バック）されるから、セルフバック。名称は、アフィリエイトプログラムを提供している会社（ＡＳＰ）によって違いますが、最大手のＡ８．ｎｅｔではセルフバックと呼んでいるので、便宜上、ここでもセルフバックとして説明しましょう。

この話を初めて聞くと、「詐欺じゃないか」と疑ってしまいますが、これに関しては詐欺

でも何でもなく本当の話。なぜこんな仕組みが成立するのかといえば、企業が広告としてセルフバック商品を位置づけているため。申込者本人に支払う成果報酬は一種の広告報酬なのです。

能書きはともかく、まずはA8.netなどASPのサイトを訪ねて、登録してみましょう。たくさんのセルフバック商品が並んでいることに、きっと驚かれるはずです。

自分でセルフバック商品に申し込むということは、先にモノを購入しなければならないのだから、結局お金がかかるじゃないか。

その疑問はもっともです。

確かに、モノを買えばお金がかかります。いくら、「成果報酬○%」「成功報酬○○円」とあっても、まずはお金を払って、その商品を買わなければ報酬は入ってこない。しかも、全額戻ってくるわけではないので（中にはそういう商品もありますが）、ほしい商品ならいざしらず、ほしくもない商品を成果報酬目当てに購入するのは意味がありません。単なる無駄遣いです。

しかし、**お金を払わず、ただ申し込むだけで成果報酬が得られるセルフバック商品もあ**

ります。

代表的なのがクレジットカード。A8.netのセルフバック商品のカテゴリーを見てみましょう。期間によって成果報酬の金額は変わってきますが、119ページでも紹介したオススメのクレジットカード、アトレビューSuicaカードを新規に申し込み、審査に無事通ってカードが発行されれば、成果報酬8500円がもらえます。通常は1500円ですが、キャンペーン期間中を狙って申し込めば、それだけで8500円。濡れ手に粟とはこのことです。

カードを発行するだけで成果報酬が得られるクレジットカードは、ほかにもたくさん紹介されています。ざっと挙げてみましょう。

JMBローソンPontaカード（Visa）、ヤマダLABIカード、三越伊勢丹エムアイカード、ファミマTカード、エポスカード。成果報酬の額はそれぞれですが、キャンペーン期間なら、5000~8000円と高額です。

カードを発行したからといって、電話営業などもありません。ネットから申し込むだけ。一番手軽に簡単に成果報酬を得られるのがクレジットカードです。

ただし、一度に多くのカードに申し込むと、信用情報にその情報が登録され、審査に通らなくなる可能性はなきにしもあらず。

クレジットカード以外でいえば、車の保険の一括見積もり、車検申し込み、引っ越しの一括見積もり、光回線の導入といったサービスもあります。これらもすべてコストゼロで報酬が得られるセルフバック商品。成果報酬はおおむね5000～1万円ほどですが、FXの証券会社に口座を作って入金すれば1万5000円がバックされる高額報酬商品も登場しています。

百聞は一見にしかず。まずはその目で現代の錬金術を確かめてみてください。

投資0円で利益をあげられる方法ありますよ
フフフ
疑～～
そんなうまい方法あるんですか～?
アフィリエイトですよ!!
いつも美容に気をつけてます
おすすめ
脱毛
エステ
自分で申し込んだだけで稼げるセルフバックっていう方法も実はあるんです
自作自演ですね～
ホホホ
エー!
詐欺じゃないの!?
大丈夫!! 企業にとってはそれも一種の広告なんですよ

❷ SNSでお金入らずの生活を！　オカネイラズで暮らそう

お金はあって当たり前。お金がないと何一つモノが買えないし、生活できない。

私たちはそうした前提のもとに暮らしを送っていますが、そろそろそうした発想に「ちょっと待って」とストップをかけ、**「お金がなくてもいろいろなことができるんじゃないの」と疑問を投げかけてもいい頃かもしれません。**

面白い試みもたくさん生まれています。

その一つがオカネイラズ。

お金をかけずにモノを差し上げたり、手に入れたり、つまりは物々交換の活動です。

発祥の地は広島県尾道市。当初は地域限定でしたが、その趣旨に共鳴する人が増え、各地でオカネイラズの活動が生まれています。

その趣旨は以下の通り。

モノ、イエ、アイデアは継承するもの。
使わない物は、使いたい人に。
住んでない家は、住みたい人に。
生活を豊かにするアイデアは、みんなで。

具体的には、眠っている資源を有効に活用し、【さがしてます☆】【いりませんか？】【生活を豊かに！】などをＦａｃｅｂｏｏｋの掲示板に書き込んで、地域での物々交換を促す仕組みです。

大昔には当たり前だった物々交換が、人々を容易につなげることのできるＳＮＳのような新しいツールの出現で、現代に甦ったわけです。**セルフバックで濡れ手に粟を実践しつつ、モノやアイデアを物々交換で人の手に委ねていく。極めて現代的なライフスタイル**ではないでしょうか。

お金を使わずに不要となった価値あるモノは、人に差し上げて、必要なモノを得て、日々を楽しめる生活は、あなたが望めばすぐに手に入りますよ。

③ Facebookで必要なモノが手に入る時代になった

前項ではオカネイラズについて紹介しましたが、**大げさにグループを作ったり、掲示板を設けたりすることなく、ほしいモノを手に入れられる方法**もあります。

例えば、あなたがふだん利用しているFacebookです。

友人、知人、親戚、仕事先。参加している人は、きっと多くの人とそこでつながっていることと思います。そして、つながっている人たちにも、また別のネットワークがある。

この広がりを有効活用しようではないですか。

私の知人の話ですが、小さなオフィスを借りるにあたり、必要な備品をFacebookで募ったそうです。

「デスクがもし余っていたらお知らせください。取りに行きます」

「掃除機や小さな冷蔵庫はありませんか？　もし譲ってくれる方がいたらお知らせを」

するとすぐに友人・知人からメッセージが寄せられました。

「少し汚れているけど、それでもいいなら」

「冷蔵庫はないけれど、掃除機ならあるよ」


あまり期待をせずに、「ダメ元で」という気持ちで書き込んだそうなのですが、予想外に多くの情報が寄せられました。条件に合うモノをすぐに彼女が取りに行ったことは言うまでもありません。**Facebookにおける情報の伝播力はすごい。**彼女はその力を実感したと言います。

と同時に、「宝の持ち腐れ・日本」を痛感したとか。まだ使えるから捨てられないけど、いまは使いみちがない。日本中にそうしたモノが眠っています。

Facebookは、そうした「眠っている資源」を発掘するには、ぴったりのプラットフォーム。自分の近況を報告するだけでなく、「モノやアイデア募集」の舞台として活用するのも一考です。私も子ども用の椅子をいただきましたし、食器洗浄機を差し上げましたよ。

❹無料広告の掲示板、ジモティーの徹底活用術、教えます

何かモノがほしいときにFacebookを活用した場合、告知できる範囲は「あなたがすでに知っている人」どまりです。

それはそれで安心ともいえますが、もっと範囲を広げて、不特定多数の人に情報を送りたい、モノを入手できる確率を上げたいというときに、私がオススメしたいのがジモティーです。

ジモティーとは、全国の無料広告の掲示板。中古品や求人の募集を大々的にかけられるネット上のサービスです。

「ジモティー」という名称通り、サイトは地域別に分かれていて、東京なら「ジモティー東京版」、大阪なら「ジモティー大阪版」といった具合に、その地域の人々が、「売ります」「買います」情報や求人情報、習い事やサークルのメンバー募集やペットの里親募集などに利用しています。

情報量が圧倒的に多いのは、やはり「売ります・あげます」。扱い商品は本当に幅広く、家具、家電、自転車からおもちゃ、パソコン、書籍、服、コスメ、さらにはスキルや知識

といった無形のモノまで。自分が人に譲りたいと思うモノや知識・スキルがあれば、ジモティーに出品し、ほしいモノがあれば、検索して該当するモノを探し出し、投稿者にジモティー経由で問い合わせをする。シンプルな仕組みです。

モノを出品する場合の値付けは自由。ゼロ円で出してもいいし、有料で出してもいい。ただし、高い値段をつけすぎると取引はなかなか成立しません。手を挙げる人が少なくなるからです。だから、ジモティーの「売ります・あげます」に出ているモノのほとんどは、ゼロ円。ゼロ円と有料品とでは、取引成立のスピードも確率もまったく違うようです。

私はジモティーを利用したことはまだないのですが、よく利用しているというベテラン（？）の女性が知り合いにいるので、話を聞いてみました。彼女は、**海外に引っ越すにあたって、荷物を整理する必要に迫られ、ジモティーをフル活用**したそうです。

「ヤフオクに出すことも考えましたが、オークション形式だと時間もかかる。入金を確認したり、発送をしたりという手間も煩わしかったので、ジモティーにしました。家まで取りにきてくれる方限定という条件で、家具や家電品をどんどん出しましたが、反響はすごかったですね」

モノにもよりますが、スーツケースや本棚、PC用モニター、TV台、自転車、オフィスチェア、デスク、ギター、ゲームなど、大きなモノから小さなモノまで、ジモティーに画像付きで出品すると、すぐにジモティー経由で「もらいます」のメッセージが寄せられたとか。掲載から1分も経たないうちに10件から20件ものメッセージが届いたモノも多数あったといいます。

「粗大ゴミに出すとモノによっては1000円以上もかかるので、引き取りにきてくれるなら私としてもありがたい。ほとんどは無料、高くても5000円ぐらいで出したのがよかったのか、80点以上出したモノはあっという間に交渉成立。助かりました」

相手とのやりとりは、すべてジモティー経由。本名を名乗る必要はありませんが、自分の連絡先や名前を記したメッセージも少なくなかったようです。

「連絡先を最初から明示してもらえると信頼できる気がするじゃないですか。ほしい理由を切々と語っているメッセージにも心が動きました（笑）。ジモティーに出したのは、捨てるにはしのびない、愛着のあるモノばかり。だから、心からほしいと思ってくれた人にあげたかった。もらってくれた人からお礼のメールをいただいたり、こんな風に使っていますというメールを画像付きで送ってくれたりする人も多かったですよ。あげてよかったと思いました」

やはり、「信頼」は現代の社会のキーワード。

信頼できると思える人にモノを託し、モノをもらう。いまや「信頼」をベースにした、さまざまな「モノの入手方法」が登場しています。あなたは何を選択しますか？

5 メルカリで気軽にお小遣いを得よう！

不用品を出して、ほしい人に売りさばく。フリーマーケットは、ちょっとしたお小遣いを得るにはぴったりの機会です。このフリーマーケットをより手軽に、より簡単に変身させたのが、**スマホアプリのメルカリ**。

とにかく、その簡便さには感心するばかりです。

メルカリでは「3分でかんたん売り買い」をうたっていますが、この宣伝文句に偽りなし。会員登録を済ませ、スマホで撮影した画像をそのまま商品の写真として使い、簡単な紹介文を入れれば終わり。会員登録料や月会費、出品費用、さらにはクレジットカード手数料もすべて無料です。

モノを発送する手間はかかりますが、それ以外の手間はみごとに簡素化されています。代金の10％の手数料がかかりますが、手間を考えれば、許せる範囲内ではないでしょうか。

購入する側にとっても、余計な手間はゼロ。メルカリに会員登録をして、ほしいモノが見つかれば申し込み、クレジットカードやコンビニ、ＡＴＭなどから支払い方法を選んで支払うだけでいいのです。

メルカリで人気のカテゴリーは、ブランドものの服。20〜30代の女性が多いので、ブランド力のある洋服の人気は絶大です。子ども服や人気アニメのキャラクターグッズ、電子デバイス系のガジェット類も意外にファンが多いとか。

そう聞くと、**我が家にも「売れそうなモノ」がたくさんあると思えませんか？** 私の周囲にはこのメルカリでちょっとしたお小遣いをゲットできたという人がたくさんいます。あなたの周りにはいませんか？　言わないだけで、内緒でこっそり稼いでいるかもしれませんよ。

6 英語が少しできればeBayで日本のモノを海外に売ろう！

ネットオークションとしては世界最大のサイト、eBay。アメリカ版ヤフオクと考えると間違いありません。

このeBayもお小遣い稼ぎの手段としては有効です。

私がeBayを推すのは、ライバルが少ないからです。アメリカのサイトは英語で運用されていますから（日本語のサイトもあります）、ユーザーのメインはアメリカ人、および英語圏の人々です。もちろん、英語がわかる世界中の人がユーザーです。

そこに日本人がいないこともないのですが、割合としては限りなく少ない。そんなオークションに、海外で人気のある日本製品を出品したらどうでしょう。ニッチなマーケットでも熱狂的ファンがいる商品で勝負をすれば、効率のいいお小遣い稼ぎになると思いませんか？

私がそう言うのは、実際にその道で成功した日本人をよく知っているからです。彼は、海外で人気のある、ある日本製の玩具をeBayに出し、お小遣いの枠にはとどまらないほどの収入を毎月コンスタントに得ています。

この商売のコツは、英語圏の人々がぜひともほしいと思うような商品を見極めること。あたりをつけたら、そうしたファンが集う掲示板やフォーラム、専門メディアをチェックして、人気の動向を調べ、何を出したら高く売れるかを探ってみるといいでしょう。**日本にいながらでも、eBayで稼ぐチャンスは見つかる**はずです。

実は、私の妻もプチ副業でeBayを通じて日本のあるモノを売っていました。何を売っていたかは内緒、ライバルが増えちゃうと困りますからね。まあ、大したものじゃないし、英語でのやりとりは面倒ですが、「え!? これがこの値段で?」みたいなものもあって、結構面白い。現地で手に入らない、コアな日本のモノが大好きな人がいるんですね。

問題は英語力。商品を出すのも、相手とやりとりをするのもすべて英語なら、情報を得るにも英語力が不可欠です。だからこそ参入障壁が低く、ライバルが少ないとも言えます。といっても特段、高い英語力は必要ではないので、もし英語を使うことに抵抗がなければ、チャレンジしてみると面白い結果が待っているかもしれません。

7 BUYMAで輸入転売して稼いでみる？

BUYMAを知っていますか？　**主に日本未入荷のアパレル商品を扱う海外通販サイト**ですが、運営しているのは日本の企業。**eBayとは違い、すべて日本語で運営**されています。このBUYMAもお小遣い稼ぎにはうってつけ。英語が苦手な人にもオススメできます。

仕組みはこうです。個人（または法人）がパーソナルショッパーとして、海外のモノを買いつけ、それをBUYMAのサイトに出品し、希望者に販売します。このBUYMAのいい点は、在庫を持たなくてもいいこと。素人が在庫を持つと大変ですが、BUYMAなら注文が入った時点で、商品を買いつけ、その後で客に発送すればいい。経済的にも精神的にも楽です。

BUYMAで売れるのは、内外価格差の大きいブランドものの商品。

本国では安いのに、日本で買おうとすると高くなるブランド品ってたくさんありますよね。そうした商品がＢＵＹＭＡの人気商品です。

本来は、海外に住んでいる日本人がパーソナルショッパーとなり、希望者に代わって現地で商品を買いつけて発送する仕組みでしたが、工夫次第では日本にいながら、これと同じことが可能です。ブランド品を日本より安く手に入る海外英語通販サイトがたくさんあるので、そこから買いつければいいんですね。**送料や関税がかかるため、内外価格差が大きな商品を狙いましょう**。

英語が苦手な人にもオススメできるって、最初に書いていなかったっけ？

はい、ご安心を。ウソではありません。要領さえわかれば海外通販サイトでの買い物は難しくない。希望者との直のやりとりをすべて英語で行わなければならないｅＢａｙよりは、ずっとハードルが低いです。グーグル翻訳などをうまく使えば、仕入れは楽に行えますよ。

もちろん自分で海外に買いつけに行ってもいいのですが、旅費や滞在費を考えると、あまり現実的ではありません。海外の知り合いや、海外在住者をクラウドサービスを使って探して調達してもらうという手もありますが、こちらの期待通りに動いてくれるとは限らない。**自力で海外からモノを輸入し、転売するのが一番です**。

8 子どもの預け合いはプラス効果だらけ

子どもを誰かに預かってもらいたい。そんなとき、お母さんが最初に思い浮かべるのは、実家の母親ではないでしょうか。育児経験のある身内の母親であれば安心安全。費用もかからず、かかったとしてもわずか。一番、現実的な方法です。

では、物理的にそれがどうしても難しい場合は、どんな選択肢が考えられると思いますか？

・自治体の一時預かり、一時保育のサービスを利用する
・民間の一時預かり、一時保育のサービスを利用する
・民間のベビーシッターを頼む

しかし、もう一つ、別の方法があります。それは、**お子さんをお持ちのご近所の方に子どもを預かってもらうこと**。

つまり「預けっこ」です。

現実に我が家では、よく預けっこをしていますが、この方法はプラス効果だらけ。

大事なのは、自分が子どもを預けたら、別な機会に向こうのお宅からも、子どもを預かること。「お互い様」の精神で子どもの預け合いをしましょう。メリットは、たくさんあります。

- **子ども同士で仲良く遊べる**
- **近所なので、子どもにとっても違和感がない**
- **お互いの信頼感が増す**
- **費用がかからない**

でも、もっとも大きな利点は、一番最初に挙げた

- **子ども同士で遊んでくれること**

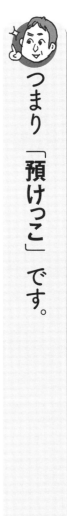

ですね。これは、超、超、楽です。めちゃくちゃ楽。

いつも子どもの相手は疲れるもの。それが、子ども同士で勝手に遊んでくれるので、親は気が抜けて楽なのです。預けるというよりも、こういうときはどこかの家で集まって、子どもは子ども同士で勝手に遊ばせて、親はのんびりおしゃべりするということでもいいでしょう。親同士の情報交換にもなるし、ほんと、預けっこは楽ちんで楽しいですよ。

預かってもらったときは、お菓子やちょっとしたお土産など気持ちのこもったお礼の品があれば十分。高価なものはかえって気を使うので要りません。子どもの預け合いはスムーズに回ります。みんなで集まるときは持ち寄りで。何より子どもがいる近所の家庭で過ごす時間は、子どもにとって楽しく過ごせる時間になる。これが一番です。

❾ いまこそ物々交換。おさがりで近所の子どもも家族のように

145ページでも物々交換の効用について触れましたが、実践者である私から言わせてもらえば、**物々交換をやらないなんて、あまりにももったいない。車や家、スキルなど自分が日頃使わないモノを共有するシェアリングエコノミーが流行しているいまこそ、物々交換の意義に着目してほしい**と思います。

私が物々交換でよく手に入れているのは、子どもの服のおさがりです。近所のお宅から、もう着なくなった服をおさがりとしてもらい、その代わりに何かお菓子をプレゼントしたり、あるいは時を経て、今度は私の子どもの服をその家庭におさがりとして提供したり、を繰り返してきました。

おさがりというと着古した服のようなイメージがありますが、現実はそうじゃない。普通に着られる清潔な服がほとんどです。体が大きくなったために着られなくなった服をおさがりとしていただき、子どもたちに着せています。

すると、思わぬ効用がありました。その服を着ることで、私の子どもがまるでもらった

家庭の一員になったかのような印象を与えるのです。

「わあ、◯◯ちゃん、うちの子みたい」
「我が家の子どもにもう一人、兄弟が増えたみたい」

家族同然に感じられるようになれば、親近感や愛着は増します。子どもが、我が家だけの子どもから、「ご近所」の子どもになった、という感覚です。

これは子どもにとって、いいことづくめ。子どもがご近所から見守られる存在になれば、悪いことをしたとき、危ないことをしようとしたとき、危険が迫ったときにも一声かかります。地域が子どもを危険から守るのです。

おさがり一つでこの効用。他人の着古した洋服なんて着せたくないなどと言わずに、まずはチャレンジしてみてください。おさがりには「家族効果」があります。

物々交換やおさがりは、服に限りません。保育園のカバン、制服、帽子、三輪車、自転車、ストライダー（ペダルなし自転車）、キックボード、と枚挙に暇《いとま》がありません。うちのお姉ちゃんが使っていた保育園用のカバンを別な子が使って、またうちの弟に戻ってきて、また別な子にわたっていく。名前がいくつも書いてあったり、姉のつけた傷が残っていたりして、モノのつながりによって人とのつながり、家族のつながりを感じる瞬間です。

⑩ 余った酒やジュースと余った食材で家飲みパーティー

ホームパーティーなどという大げさなものではありませんが、**我が家ではよくパーティーを催しています。**

特別な料理やワインなど必要ありません。余った食材があればそれでいい。飲み残しのお酒やジュースがあれば飲み、余った食材があれば料理し、それをみんなで食べていく。楽しいひとときの始まりです。

ただし、体裁はパーティーですから、パーティー風の食器を用意し、テーブルもパーティー風にアレンジしましょう。別に、豪華な食器がなくてもいい。ふだん使いのお皿とコップで十分。自分の家だけでなく、別の家に行って、別な家族の料理を味わい、家族の雰囲気に触れる。

これだけでも十分、非日常感は演出できます。

テーブルにはきれいな柄の布でも敷けば、それでOK。いきなり空間がパーティー会場に早変わりします。

こんな風に費用をかけず、ちょっとしたアイデアで、夕食が家飲みパーティーになれば、外食費も抑えられる。

お金を使わずに日々の生活を楽しめる方法はいくらでも考えられます。

見栄を張ることはありません。余ったお酒やジュース、食材でもてなします。何か一品持ってきてもらえば、食卓が賑やかになります。次の機会には、よその家庭をパーティー会場として、みんなで楽しく過ごしましょう。

家飲みは、しょぼくて冴えない行為でも何でもない。地味であっても堅実で費用もかからず、肩肘をはらずに、気の置けない仲間や友人と背伸びをせずに楽しめる機会です。余った食材をきれいさっぱり消費する機会でもあります。

さあ、今日の夜は家でパーティーを開いてみましょう。

通帳を分けて「見える化」し、賢く家計管理をしよう

少額でコツコツ投資を行いながら、お金がなくても楽しめる生活術を実践したら、次に重要なのは家計を賢く管理すること。私の絶対のオススメは通帳を使った管理です。難しいことは一つもありません。

銀行口座の通帳を使うだけの方法です。

ただし、目的別に口座を分けること。給料が入る口座だけで、投資から子どもの教育資金まで、すべてを一つの口座で管理するのは無理。口座を複数作って、目的別に使い分けるのです。

サラリーマンの方ならイメージしやすいと思いますが、経理を本社経理として一括してしまうと、途端に数字が見えにくくなります。全事業部のお金がどかんと集まっ

てくるので、経理処理としては一度で終わります。ただ、その分、各事業部の収支が見えにくくなる。

逆に、事業ごとに管轄する部署を分ければ、どの事業部でプラスが出ているのか、あるいはどの事業部で赤字に陥ってしまったのかがよくわかるようになります。

これと同じことを家庭にも導入しましょう。目的別の口座を一つの事業部ととらえて運営していきます。難なく始められるやり方です。

我が家には事業部がない？　そんなことはありません。

例えば、子ども事業部。子どもが小さいうちから将来の教育資金を積み立てておきたいというのは、当然の親心です。であれば、子どもの教育に関するお金は一括管理しましょう。ほかのお金とは区別して、単独で考えます。子どもが数人いるのなら、子ども別に口座を開いてください。教育資金は個別に考えましょう。

私はこの子どもの口座から、学資保険も授業料も落ちるようにしています。余裕があれば、その口座から定期預金に回すこともあります。すべては子どもの将来のための資金です。

祖父母からもらったお年玉やお小遣いも、子どもの口座に入れておきます。子どもに誕生日のプレゼントを送ったりするときに、この子どもの口座からお金を使うのはナシ。それは親が自分で負担するもの。私はそう考えています。

家計がピンチに陥ったときに、もし子どもの口座からお金を借りる必要があったら、後日、必ず返しましょう。貸し借りは律儀に、そして明確に。通帳はそのために役立ちます。

事業部には、へそくり事業部も考えられます。他の事業部からの余剰金をこちらでまとめて管理して、増えてくれれば別の投資に充てる。そのための口座です。

毎日の食費や日用品は、小口の口座を一つ作って、そこで管理するといいでしょう。5万円なら5万円、10万円なら10万円と決めて、入れておく。光熱費もここから落ちるようにして、生活費をここで賄っていきます。

投資は投資でまとめて管理します。もし、純金積立と外貨MMF、るいとうなど複数の投資を同時に行っているのなら、それらは一つの口座で管理しましょう。個別に分ける必要はありません。投資は投資でまとめて一括。ただし、毛色の違う不動産投資のような投資法を実践しているのであれば、不動産別に口座を分けた方が賢明です。どの不動産が稼ぎ頭なのか、問題児なのかが一目瞭然になります。

通帳で管理する事業は、家庭によっていろいろな形が考えられると思います。ライフスタイルや価値観が違えば、何に重きを置いてお金を使うかという考え方ややり方も違ってくる。それが当然です。

大事なのは、お金の出入りを通帳で分けて管理するという方針です。これはしっかりと守りましょう。枠を決めて予算を管理し、入と出をチェックする。主婦も、これからはプロジェクト管理者となるべきです。そう考えて行動した方が、家計の運営がぐっと楽しくなるのではないでしょうか。

一つ一つの口座は一本の川だと考えてください。ここに水を入れたら、どこに流すかを考える。例えば、子どもAの口座だとすれば、授業料、習い事、学資保険など、その川にはさまざまな支流があります。あなたの役目は、水が円滑に流れるようにすること。そして、定期預金というため池を作って、水をそこに貯めておくことです。

どこに水が流れていくのか、わからないというのは最悪の事態。それは絶対に避けなければなりません。水の流れをコントロールするのはあなたです。通帳はそのための頼もしいツールとなります。

具体的なやり方としては、まず事業部の数だけ銀行に口座を開きましょう。

最近は口座を開くにも住民票が必要だったり、何かとうるさくなっていますが、最初のこの手間さえクリアすれば、複数の口座を開くことなんて簡単です。

一つの銀行で複数の口座を持つことは不可能ですから、別の銀行で口座を開きます。その際、通帳の柄が可愛いという理由で、口座を開く銀行を決めてもいい。何を隠そう、私がそうです。沖縄の銀行には、見て楽しくなる可愛い絵柄の通帳を採用しているところがいくつかあります。

沖縄のみならず、地方の銀行には地方色豊かな通帳を出しているところが多いので、自分の出身地や配偶者の出身地、あるいは旅行で訪れて気に入った土地の銀行を選ぶというのもいいかもしれません。

それぞれの口座の通帳は、最低でも月一回は残高をチェックし、月末には必ず記帳をしましょう。私は月末に記帳した数字を、Ｅｘｃｅｌで作ったフォーマットに転記して、お金の増減を見るようにしています。どれだけ増減があるのかを追いかける作業は楽しいもの。継続のモチベーションになりますよ。投資をする方は必ず、流れを追いかけてください。

Ｅｘｃｅｌに転記しているのは、所有している投資不動産の数が多いためです。一つの不動産がどれだけ利益を出しているのか、赤字なのかどうなのかをチェックするのが狙いです。これを3年ほど経過観察していると、この不動産はもう手放した方がいいだろうといった判断ができるようになるのです。儲かっているのかいないのかを見ることの重要性は、不動産投資でなくても同じです。小口の口座は赤字続きなので、もう少し余裕を持たせようとか、投資で順調にお金が増えてきたから別途定期に回してもいいかも、という見方ができるようになります。

複数の不動産投資をしている人でなければ、ノートに数字を転記するだけでも十分です。とにかく、月に一度は数字の流れを見ましょう。

どうして袋分けじゃダメなのか？　その理由をお教えします

ところで、ここまでお読みの方の中には、目的別に通帳でお金を管理する方法は、主婦向けの雑誌でよく紹介されている「袋分けの手法」と同じではないのかという疑問をお持ちの方もいるかもしれません。

その問いには、はっきり「NO」とお答えします。

理由をお話しする前に、袋分けをご存じではない方のために、そのやり方を紹介しましょう。袋分けとは言葉通り、毎月の生活費を項目ごとに「袋に分けて」管理する方法です。袋はなんでもあり。銀行のATMに置いてある封筒でもいいし、普通の手紙用封筒でもいい。お金を入れられるモノであれば、ビニール袋でも構わない。袋であれば、なんでもOKなのが袋分けの手法です。

袋分けをする場合には、食費、教育費、レジャー費、夫の小遣い、光熱費など、分けて管理したい項目ごとに袋を用意し、予算を決めて、その金額を袋に入れます。

あとは、その袋の金額の範囲内でやりくりするだけ。例えば、食費の上限を5万円と決めたら、5万円を「食費」と書いた袋に入れる。光熱費が2万円の枠であれば、2万円を「光熱費」の袋に入れる。子どもの習い事など教育に関わる費用が2万円だとすれば、「教育費」の袋の中に2万円を入れておきます。袋の中に入った金額以上は使えない仕組みにしておき、決められた予算の中でやりくりするノウハウを培っていくわけです。

無駄遣いを抑えるという意味では、この方法はよくできた仕組みだと思います。上限を決めておき、袋の中にある金額以上、使わないようにすれば、浪費は防げるでしょう。

しかし、**大きな問題点が一つあります。**

それは、**記帳ができないということ。**袋分けのゴールは、「決めた枠以上は使わない」ことにあるので、平たく言えば、何にどう使っても構いません。食費の中で、お酒への支出が多すぎたとしても、お菓子代が増えていたとしても、最後の帳尻さえ合えばそれでOK。袋の中におさめた金額で、その月が終われば問題なし。

これは言い換えれば、問題点を抽出できないということです。記帳されていないので、自分が何にどう使っているのかがわからない。お金の出方を把握できない。これが一番の問題です。

中には、袋分けをしながら、別に家計簿をつけて何に支出したかを記帳したり、もっとすごいケースでは家計簿にレシートをぺたぺたと貼って、記帳をする方もいるようです。ただ、申し訳ないのですが、どちらもさしたる効果があるとは思えません。細かく、ニンジンにいくら、肉にいくらという項目を記帳して果たして意味があるでしょうか。時間を浪費しているだけです。

お金の管理はできるだけ一元化して、自動化した方がいい。

その上で、問題点をピックアップし、次の生活設計、次の投資に向けての一手を講じる方法が一番です。私が、袋分けでなく、通帳での管理をオススメするゆえんです。

もう一つ、袋分けの難点を挙げるとすれば、意識がどうしても「使い切る」方向に向かってしまいがちな点です。

袋の中に、今月この項目で使える上限の金額を入れた。そして、必要なときにその都度、そこからお金を取り出し、使うようにして、もし月末になって余りが出ている場合、あなたならどうしますか?

私は、多くの人は「これだけ余っているのなら、今日は多めに使ってもいいかも」と考えるのではないかと思います。実際、結婚したての我が家がそうでした。袋のお金は使い切っていました。「袋の中に入れた金額で済ませよう」という意識は、「袋の中の金額で生活できたら上等」「袋に入れた金額で済ませられたら余裕があるから使おう」という発想につながるのではないでしょうか。

中には、月末に余った端数のお金をきちんと貯金に回しているという人もいるかもしれませんが、多くの人は「余ったお金は使ってしまおう」という方向に行ってしまうように感じます。

それは、お金を貯蔵品のようにとらえ、そこから切り崩すという発想しかないからです。

一方、収入と支出が関連するものは一つの通帳で管理するという方法は、そうではない。お金のフローを全部見える化して、フローの残りにもちゃんと目を向けて、また別の運用に回していこうよという発想のもとで行います。

月末に残金が出たとしたら、その金額の多寡を見て、多ければ別の事業部や投資に回すこともできるし、やりくりがきつい事業部に回すことも検討できる。そうしたコントロールは、袋管理では見えないのでできません。通帳に記帳されるからこそ、お金のフローが見える化できるのです。

お金を使うことは快楽だからこそ、一歩引いた目が必要

フローを見える化するという行為について、もう少し踏み込んで説明しましょう。

お金を管理していく上では、お金を自分の存在と切り離して考えることが必要です。お金が自分と近い距離にあるから、すぐに使ってしまおうという発想になるのです。

お金を使うことは快楽です。お金を使って買い物をすると人は快楽を感じます。

お金を手に入れることも快楽ですが、使う快楽の方がずっと強い。

だからこそ、一歩離れた地点からお金の流れを見つめるようにしましょう。お金はフローで見ていかなければなりません。お金を客観視できるようになれば、自分の欲望から距離を置けるようになります。お金が自分と近い場所にある、あるいは一体化していると、お金を使いたいという欲望、買い物をして快楽を味わいたいという欲望から、自分の身を引き離すことができません。

例えば、洋服を買いに町に出かけて、どうしても思うような品物が見つからない場合、冷静に考えれば、買わずに帰ってくればいいわけですが、自分の欲望とお財布とを切り離せないでいると、何かを買わずにはいられないという思いにかられて、衝動買いに走ってしまいます。

でも、自分が本当にその洋服が必要なのかを自問し、自分の財布の状況を一歩離れて見つめ直すことができればどうでしょうか。「待てよ。そこまでしてほしくないな」と思い直すことができるのではないでしょうか。

ストレスがたまると買い物で発散させたくなりますが、それはお金と欲望（ストレス発散）とがいっしょになってしまっているから。ここを切り離さないことには、本当のストレス解消にはつながりません。

かく言う私がそうでした。

お恥ずかしい話ですが、私には過去、買い物でストレスを発散させていた時代がありました。仕事でいろいろとストレスが蓄積してしまったあげく、高級ブランドの買い物に走ったのです。カルティエやブランパンといった高級時計に始まって、ボールペン、カバン、靴、スーツと、ずいぶんといろいろな高級品を買いあさりました。

しかし、買い物をしても一向にストレスは発散できない。買い物の快楽をその瞬間に味わったとしても、それはストレスの解消には何の役にも立たないことに気づいたのです。

どのようにしてそこから脱したのかといえば、経済的に余裕が生まれてきたからです。ゆとりができたことで、逆にお金の使い方を吟味できるようになった。**お金を客体化した上で、使い方を考えられるようになりました。**

買い物自体を否定しているわけではありません。節約、節約で、できるだけモノを買わないのが一番だなどと言うつもりはまったくありません。

そうではなく、お金を客体化しましょう。そうすれば、必要なときに必要なモノを必要なだけ購入できるようになります。

取り立てていま必要でもなんでもないのに買い物をしてしまうという行為は、売り手側の論理に乗せられているだけです。バーゲンだから、特売だから、いまが最後のチャンスだからというたい文句に踊らされて、必要のないモノをつい買ってしまうのは、売り手の思う壺、と言うと言い過ぎですが、自らの主導権を手放している行為です。

残念ながら私の母はまさにこのタイプで、売り手の都合にまんまと乗せられて買い物三昧に走っています。

と言っても、テレビショッピングで買い物をする程度なのですが、「いまなら安い」というセールストークに弱く、ついつい必要のまったくないモノを買い込んでしまうために、家には使われていないモノが山積みの状態です。

もう直しようがないようなので半ば諦めていますが、この本を手に取ったみなさんにはぜひ考えてもらいたいと思います。

お金の主導権は自分で握りましょう。お金をどう使うかは自分でコントロールすることです。高い安いではなく、自分がいまそれを必要としているのか、必要としていないのかを見定め、その上で買うか買わないかを決めましょう。

そのためには、お金を自分と切り離して考えること。お金から自分を引いて見つめて、第三者的にとらえることです。通帳でお金のフローをしっかりと見える化し、主導権を持ってお金を使えるようになりましょう。

人は見えないものをコントロールできません。欲望といっしょになっていると、コントロールしようがない。見える化しなければなりません。そのための有効な方法が、収入と支出が関連するものを一つの通帳にまとめて管理するという方法なのです。

ちょっとまとめてみましょう。

・欲望（快楽）と自分を切り離す
・収入と支出が関連するものを一つの口座、一つの通帳にまとめて管理して、見える化する
・お金を客観視する、自分から離れた存在として客体化する
・お金のフローを追いかけて、次の策に役立てる

通帳で家計管理。無理のない合理的かつ効率的な方法ですよ。お試しあれ。

ところで
家計管理はどうやってしていますか
ギクギク
手書きの家計簿をたまにつけてるぐらいですかね……
昔は袋分けをしてたんですけど
袋分けはおすすめできません
袋分けだとお金の出が把握できません
おすすめは生活費、子ども費、投資など目的に応じて通帳を作る方法
生活設計が立てやすいですよ
主婦も家計のプロジェクト管理者です！
家計運営を楽しんで！
はいっ！
がんばります
夫
我が家の希望の星
ファイト!!

第6章

親とモノ、お金の関係を見直してみる

❶ 親にとっても生きがい!? 親のスネは徹底的にかじること

社会人になったからには、親の援助など期待せず、独立独歩で生きるべき。それはまぎれもなく正論です。

大人になるということは、自分のことは自分で責任を持つこと。親のスネを期待するなんて成人なのに恥ずかしい。建前としては確かにそうです。

でも、いいじゃないですか。親のスネをかじったって。肩肘はらずに、しんどいときに親の力を借りたって。そこまで恥ずべき行為ではないと思います。

自力でお金を稼いで、家族を養い、子どもを育て、将来に備える。何もかもを自分ひとりの力でできれば幸いです。

しかし、そうは言っていられないときもある。借りられるモノなら何でも借りたいと必死になるときもあります。

そういうときには、**変な見栄やプライドは捨てて、親のスネに頼りましょう。親のスネをとことんかじりましょう。**

親にとっても、子どもに頼られるのは生きがい、という面もあるのです。頼られないと寂しいという親も多いのです。

世の中、お互いさまですよ。親は子どもに期待し、子どもの成長を見守り、子どもは親に甘え、親孝行をする。親と子の結びつきの中で、子どもが親に経済的に頼ったからといって、いったい誰が責められるでしょう。もちろん、親が困れば助けてあげて、大切にしましょう。

親のスネをかじりまくって、最後は親の金を奪ってしまえ、などと言っているわけではありません。それは言語道断。でも、**いざとなったら親のスネをかじってもいいかな、程度のゆるーい考えが頭の隅っこにでもあれば、コツコツ投資をしたり、お金がなくてもできる生活を存分に楽しんでいける**と思います。親のスネはかじるもの、かじっていいものだと定義し直してみませんか。

おじいちゃん
おばあちゃんって
孫には甘いでしょ？
甘いですねー
すぐに
買って
あげ
ちゃう
コレ
ばあばに
買って
もらったー
いいことですよ☆
親に余裕があるなら
かじっちゃいましょう！
ムフフ
食材も
もらっちゃい
ましょう
親
がしっ
先生っ
あと
お年寄りって
物をため込みがち！
宝探し
感覚で
実家の
そうじ
したら
ひょっとすると
実家にお宝が
眠っているかも
テレカや切手は
けっこう売れますよ
いらっしゃい
ばーばー
宝探しに
来たよー
エヘヘ
ただいまー
どや
どや

❷ ジジババも喜ぶ？　子どものモノは親に買ってもらえ

一般に、おじいちゃん、おばあちゃんは孫には大甘です。目の中に入れても痛くない、という表現が大袈裟ではないほど可愛がります。

そこまで深い愛情を孫に寄せているのですから、これはもう、**子どものモノは祖父母に買ってもらいましょう**。前項で「親のスネはどんどんかじろう」と言いましたが、子どもの持ち物だって、祖父母に買ってもらえばいいのです。それが彼ら彼女たちの深く大きな喜びにつながるのであれば。もちろん、祖父母に余裕があれば、ですよ。

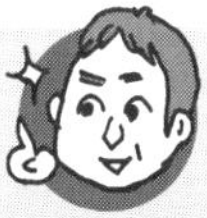

祖父母が孫に買ってあげるモノの代表格がランドセルです。

サンケイリビング新聞社が２０１６年に実施した調査によれば、ランドセル購入費用の出資者は「パパ側の祖父母」がトップで34・9％、続いて「ママ側の祖父母」（33・9％）

ランドセル購入費用の出資者

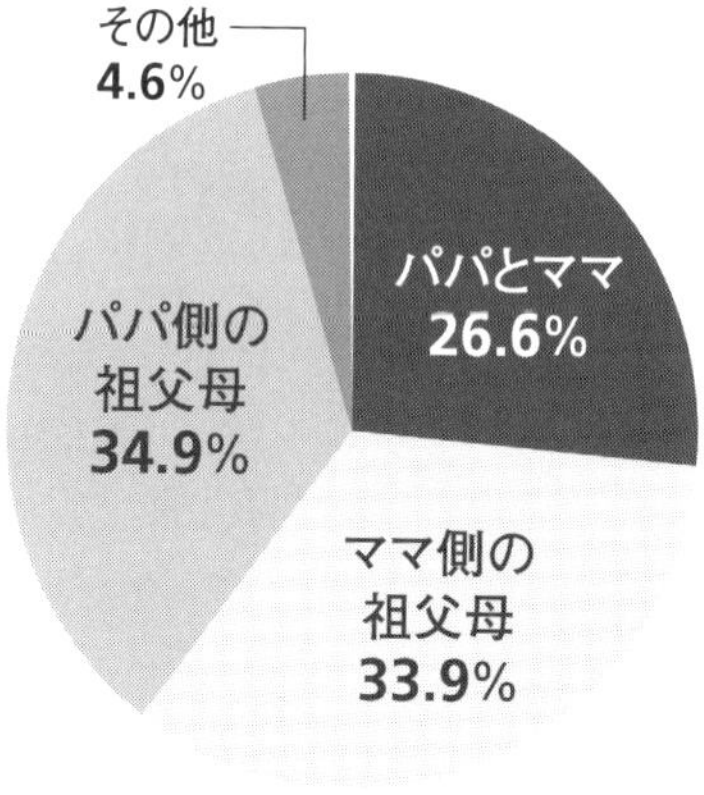

出典:「園児とママのデータ vol.14」(サンケイリビング新聞社発行)

という結果でした。ママ側・パパ側を問わず祖父母にランドセルを買ってもらったという世帯の合計は、7割にものぼっているんですね。

しかも、そのランドセルの価格ときたらうなぎのぼりです。平均価格は、3万～5万円。10万円のランドセルを、祖父母がぽーんと買って孫に買い与えるというケースも珍しくありません。

こんなにも祖父母がランドセルに惜しみなく出費するのは、それが喜びだからです。孫の成長のシンボルであるランドセルにお金を出すことが、うれしくてたまらないからです。

子どもはどんどん成長して、すぐに使え

なくなるモノがたくさんありますが、それらはすべて成長の証。そうしたモノもこの際、ジジババに買ってもらいましょう。

何度も言いますが、祖父母にお金を出してもらうことは、恥ずかしいことでも何でもありません。奉仕行為と言ったら言い過ぎですが、誰かに喜びを与える行為ならば道徳的に問題なし。**ランドセル以外にも買ってもらえそうなモノは、きっとたくさんありますよ。いろいろ考えてみましょう。**

ちなみに我が家では、ランドセルが父方の祖父母、机が母方の祖父のプレゼントでした。子どもが一生懸命ランドセルを選んでいる姿を見る、祖母の姿がまた微笑ましくもいとおしくもあり、目頭があつくなったものです。

❸ 田舎に行ったら必ず食材は持って帰ろう！

祖父母が住む家に子どもたちを連れて行くと、いつもたっぷりのご飯とおかず、お菓子で私たちを出迎えてくれます。

親の世代にとっては、たくさんのご飯＝豊かさの象徴。だから、お米に野菜と肉や魚、お菓子と盛りだくさんで、食卓はいつも豪勢な料理で彩られています。台所や冷蔵庫にも、たくさんの食材が備蓄されています。

しかし、私たちもすべてを食べ切れるわけではありません。子どもが巣立ってしまい、年老いた両親も同様です。

実家に、とうてい食べきれない量の食材が放置されているとしたら、余った食材、余りそうな食材はすかさず欠かさず、自宅に持ち帰りましょう。忘れずにピックアップして、家に持って帰って使いましょう。

余らせて腐らせてしまう方が罪悪です。

親が用意してくれた食材を、持って帰った方が食材のため。これは有効活用以外の何ものでもありません。

実家から送られてきた米で食費を浮かせている家庭がありますが、おかしな話でも何でもない。

食費の足しに、両親が用意した食材をもらってきてもいいんです。

いや、むしろどんどんもらって、どんどん消費することです。

それに田舎は常に誰かが何かを持ってきます。野菜が取れ過ぎた、旬のもので作った料理が食べきれない、どこそこに行ったお土産、もちをついた、魚を釣った、といった具合です。こうした豊か過ぎる食材も食べきれないほどですから、積極的にもらって帰りましょう。実家の親も、また誰かに回すにも限界がありますから。

モノの動きが淀んでしまうと、ろくなことはありません。モノが回ってこそ、経済は回り、社会は潤い、発展していくのです。

人間、年をとるとモノを溜め込み、外に吐き出さなくなる傾向が高まります。親世代の閉鎖的な行動は断固阻止しましょう。食材を持ち帰る行為は、健全な経済活動のお手伝い、と考えてもいいぐらい。

ただし、**余った食材を持ち帰ったら、一言、「いつもありがとう。美味しくいただきました」と両親への報告とお礼を忘れずに。**

❹田舎の家は埋蔵金が眠っている!?テレカや切手を発掘しよう

一般に、高齢者はモノを溜め込みがちです。特に現在、70代、80代以上にその傾向が強く、押し入れや物置の中には使わないモノが山ほど詰め込まれ、同じような布団セットや食器などが無駄に揃えられているという話はよく聞きます。

知人からも、「親が亡くなった後、家の中の不用品処分に1年以上かかった」「まったく使われないままの昔のモノがたくさん溜め込まれていた」という愚痴話が、たびたび飛び出します。よく言えば質素で堅実、悪く言えばゴミ屋敷一歩手前。モノを捨てられない体質は困りものです。

この話を一歩引いて考えてみましょう。

親が住んでいる家に、昔のモノ、親が捨てられなかったモノが山積みにされているのなら、その中に**一見ゴミのようでありながら、実はいまも市場で高く取引されている品が隠れているかもしれません**。

具体的には、テレホンカードや切手、コイン、昔の玩具などです。アイドルが微笑む未使用のテレホンカードには、プレミアム価格で取引されるモノもあります。そうでなくても、チケットショップに持ち込めば、引き取ってもらえます。

テレホンカードはＮＴＴの電話料金の支払いに使うことも可能です。１枚につき手数料が50円かかりますが、未使用の１０００円カード、５００円カードなら、ダイヤル通話料金の支払いに充てることができるのです。

切手も同様です。もしかしたら、額面価格よりも高い値段で取引されているコレクターズアイテムが潜んでいるかもしれません。そうしたお宝ではないにしても、切手は切手。未使用であれば、いまでもちゃんと使えます。

実家に戻ったら、一度、家の中を探索してみてはいかがでしょうか。

ＴＶ「開運！なんでも鑑定団」に出すようなモノはなくても、ふだんの生活に使えるお助けアイテムが見つかる可能性は大きいです。

ちなみに我が家では、引き出物のタオルやお歳暮でもらった石鹸、洗剤が山のようにあります。また使わないのに、地域の郵便局とのお付き合いで買った切手、テレカがあり、古い紙幣もなんだかたくさんとってあります。こうしたモノは、**売れるモノは売る、使うモノは使う**、とした方がいいような気がしていますが、いかがでしょう。

5 ごめんなさい、いろいろなものをフリマとかで売っちゃいました

何の変哲もないような、ごくごく普通の洋服や雑貨、日用品、食器。実家にたくさん眠っている（使われていない）商品は、フリーマーケットを活用して、小遣い稼ぎに励みましょう。

フリマアプリ・メルカリが盛り上がりを見せている一方、全国各地で開催されている**フリーマーケットもいまだ健在**です。メルカリは若い女性の利用が多いので、幅広い年代に受けそうなモノであれば、リアルのフリーマーケットの方が売りさばける可能性は高いのではないでしょうか。

食器セット、布団セット、お歳暮やお中元でもらった石鹸、地方に旅行に出かけたときに買った人形や置物・彫り物など、状態はいいけれど平凡で誰に興味を持ってもらえるのかわからないという品々は、フリーマーケットに出すことをオススメします。

こんなモノをなぜほしがるのかと不思議に思うほど、意外なアイテムが売れていくものです。テーブルタップや電源ケーブル、ACアダプター、もう使わなくなった古いノート

ＰＣといったジャンクなモノも、それなりに売りさばけます。

高い値をつけるとお客はつかないので、欲張りは厳禁。廃棄してしまえば1円の儲けにもならないのですから、少しでもお金が入ればＯＫと考えて、値付けをしましょう。

フリーマーケットは、対面しながらの取引なので、商品を媒介に思わず話が弾むこともよくあります。「これ、いいですね」「前に◯◯に旅行に行ったときに買ったものなんですよ」「ああ、あの場所は私も行きました」といった具合に、楽しい会話が広がっていくこともあります。

楽しく会話し、モノが売れてお金が入ると、心から「ありがとうございます」と言いたくなります。フリーマーケット万歳です。

私は遠い昔、この手を使って、親が使わないまま溜め込んでいた品々をさばき、いくばくかのお金を手にしました。

親のスネをかじり、実家に眠るお宝や使われていない日用品などは、とことんお金に換えていいんです。もちろん、親孝行することも忘れずに！

コラム

お金は寂しがり屋――落ちているお金は1円でも拾おう！

お金は、お金が集まっている場所に行きたがる。だって、お金は無類の寂しがり屋だから……。

私は、この話にはかなり信憑性があると考えています。そして、お金はお金を大事にしてくれるところに集まる、と思っています。おかしいですか？

私が投資生活を始めてから、すでに20年余。コツコツと実践してきて、しみじみと思うのが、お金を大切に扱うことのメリットです。

道に1円でも落ちていたら、私は必ず拾います。「1円なんて」と思わずに拾い、お金の仲間が待っている財布に入れています。

この話をすると、「えっ、そんなことまでするの？」というリアクションを受けることもありますが、私は真剣です。ケチでそうするというよりも、お金を大事にすることがお金に好かれる第一歩だと思うからです。お金を軽視する人のところに、お金が集まってくるとは思えません。

落ちているお金を拾うというのは、私のお金に対する愛情の表れだと考えてください。他人に愛情を示すことが人間関係において重要であるように、お金にも愛情を持って接することが投資生活においては重要です。

愛情を示さない相手からは、愛情を示してもらえません。たとえ1円であろうと、お金の価値を尊重し、お金を大切に扱う姿勢がなければ、（変なたとえですが）お金にも好かれない、つまり、お金が私のもとに集まることはないように感じるのです。

お金を大事に扱いましょう。

金額の多寡にかかわらず、お金を大切にしましょう。もしぽつんと落ちているお金があれば、寂しがり屋のお金の性質を尊重して、仲間のもとに戻してあげましょう。お金の価値に愛情を示す姿勢が、あなたの投資の価値を高め、将来の支えになってくれるはずです。もちろん、大きなお金を拾ったら、ちゃんと警察に届けましょう。私も大きなお金やお財布、スイカ・パスモ定期などを拾ったら、必ず届けています。落として困っている人がいる人が必ずいますから。1円や10円は、あなたの判断に任せますが、とりあえず拾って仲間のもとに返すくらいで勘弁してもらいましょう。え!? ダメ？　ですか??

お稲荷さんと弁天様には必ずお参りすべし

お金への敬意の一環として、私はお稲荷さんと弁天様には、ちょくちょくお参りしています。

別にわざわざ遠方までお参りに行く必要はありません。近所にある、会社の近くにある、仕事先の近くにある、ふだんの行動範囲の中にある、要するに行きやすい場所にお稲荷さんと弁天様があれば、素通りせずに、ちょっとお参りしていきましょう。たいした時間はかかりません。仕事で忙しいから、用事があるからとスルーすることなく、ほんのちょっとの手間をかけてお参りをする行為は、あなたのお金への敬意の表れ。行動で示しましょう。

神頼みだけで、お金が湯水にように湧いてくるとは、これっぽっちも思いません。神様に頼んだだけで、お金持ちになれるのなら誰も困ったりしませんからね。

大事なのは、お金の価値を尊重し、コツコツとでいいから投資を続け、その上でお

金の神様にきちんと報告をすることです。お金が入ったら、必ず「ありがとうございました」とお礼を言います。賽銭も少し弾んで。少額とはいえ、お賽銭を投げて頼んで、叶ったらお礼をする。こういう「返報性＝恩を返す」という考え方と行為が、なぜか大切に思われるのです。

私たちの多くは、宗教から距離を置いた日常生活を送っています。お参りするのは、正月だったり、子どもの受験前や七五三だったり、ハレの日限定でしか接点がないという人がほとんどです。

でも、日常生活の中に、お稲荷さんや弁天様との接点を設けると、気分がなんとなく晴れやかになりますよ。お参りした後は気持ちがすっきり。感謝の気持ちとともに、よし、今日もがんばろう、これからもがんばろうという前向きな気持ちになれます。

験担ぎをバカにしてはいけません。験担ぎけっこう。

ポジティブに取り入れて、健やかな気持ちで投資生活を送りましょう。

黄色い財布が無理なら、長財布を持ってもいいじゃん

風水では、黄色は金色と同じように金運の強い色。「流れ動くこと」を象徴する色でもあります。金は天下の回りものと言われますが、黄色はお金を積極的に自分に呼び込む色であるとみなされているんですね。

この説ゆえか、黄色い財布は金運が高まる財布として、一部では重宝されているようですが、個人的には黄色の財布は、ちょっと恥ずかしくて持てません。ビビッドであろうと多少くすんだ色であろうと、あまり黄色い財布は持ちたくない。

金運を高めるためなら持つべきなのか。

いいえ、私はそこは無理をする必要はないと思っています。でも、験担ぎには賛成なので、お金を出し入れする財布にラッキーモチーフは取り入れたい。

私が選んだのは長財布です。ご存じの方も多いと思いますが、お札が折りたたまれることのない長財布は、金運を高めるといわれています。理由は、お金にとって快適な環境だから。この説が本当かどうかはともかくとして、長財布の方が使いやすいし、いくら入っているかもわかりやすい。お金に愛情を注ぐという立場からいえば、確か

にお金にとって居心地のいい環境のように思えます。

　ですから、私は長財布派。黄色い財布までは持てない私の「お金を尊重している意志」の表れです。こういう話はオカルトだと思いますか？　験担ぎなんてくだらないと思いますか？　まあ、実際オカルトです。お金を大事にするための心構えみたいなものでしかないのですが。**とはいえ、人間は気持ち・気分の生き物。**コツコツとチリツモ投資を続けていく上で大切なのは、日々の健康と穏やかで前向きな気持ちです。

　その気持ちの支えになり、投資生活のモチベーションになるものであれば、どんどん取り入れた方がいい。私はそう考えます。あなたにはあなたの験担ぎがあるのなら、それはそれで素晴らしい。やめずに続けてください。元気にポジティブにチリツモ投資をずっと続けていこうではないですか。未来は明るいですよ！

　私は超合理的な人間ですが、験担ぎは嫌いではないですよ。過度なものはいけませんが、験を担いだ方が生活にいろどりが添えられます。暗い顔をして、きりきりお金を貯めてもつまらない。お稲荷さん、ありがとう、と言うのがバカバカしくても、土地の神様との関係性を結んでいるようで、自然や地域を愛する一歩にもなります。神頼み、いいじゃないですか。**どうせ、お金自体が幻想なのですから。**

おわりに

100円ちゃりんちゃりん投資はどうでしたか？

わずか数百円からの投資というのは、いかがでしたか？　これならできそうでしょう？楽しそうでしょう？　続けられそうじゃないですか？

実際、金貯蓄で毎月毎月、金が貯まっていくのを見るのは楽しいものです。投資信託の金額が増え、定期積立の金額が増え、百貨店の友の会の会費が貯まり、ポイントカードのポイントが貯まるのを見るのは快感です。その快感を味わってしまうと、もう病みつきです。少額でもいいのです。資産が増えて、お金がお金を生む現実を目撃すると、あなたにも投資の扉が開かれていくでしょう。

これはスタートです。始点です。ここから、あなたの投資生活、投資人生が始まるのです。チリツモ投資、いいじゃないですか。最初の一歩を踏み出したのです。それは、素晴らしい一歩なのです。一歩、歩みだせば、あとはどんどん成長していけますよ。おでこを上げて、あごを引いて、微笑みをたたえてお金にお金を生ませて、堂々と豊かになっていきましょう。

ここに書いてきたのは、ほとんど私が実際にやってきた投資です。一部は友人、知人の事例を借用していますが、実際に行ってきたという点で、単なる心構えや精神論ではなく、本当の実例です。実例ですから、真似もしやすいでしょう。調べ、検討し、比較し、選びやすいでしょう。絶対の成功は保障できませんが、選択肢程度は提供できたのではないかと思います。

え!?　額が小さい？　しょぼい？

いえいえ少額ではありますが、それでいいのです。楽で、無理せず、いつの間にか、100円が101円になれば〝御《おん》の字〟です。ちょっとだけでもお金が増えて戻ってくれば、それでオッケーなのです。

これは小さな一歩ですが、投資の本質に踏みこんでいます。まず、一歩。そして、その小さな一歩が、いつかジャイアント・ステップになっていくかもしれません。最初の一歩のヒントを、本書が提供できれば幸いです。

もし、小さな投資を積み重ね、成功したら、次は、プライベートカンパニーを設立したり、不動産投資をしたり、起業したりしようではありませんか。せっかく自由な資本主義の世界に生きているのですから、本物の投資に歩を進めてみましょう。皆さんが一人前の投資家になることを世界が待っています。

きっと超絶に楽しいですよ。もちろん、ちゃりんちゃりん投資でも十分にイケています。投資の本質は額の大小ではありません。お金にお金を生ませることなのです。その醍醐味は、ちゃりんちゃりん投資でも達成しているのですから。

さて、この原稿を書いている間に、ふるさと納税の還元率が高すぎるからと総務省がガイドラインを出しました。思いのほかお得だったふるさと納税の返礼品も少し抑えられるかもしれませんね。でも、この制度は人気ですから、そう簡単には廃止されないでしょう。

また、個人型確定拠出年金（401k）も「iDeCo」という名称でスタートしました。個人でできる年金積立です。節税になります。こちらはまだ新しいので、私もこれから申し込みをするところです。実績が出たら、どこかでご紹介したいと思います。

思えば、私たちは一度もお金のことを教えられずに世に出ていきます。こんなにお金は大事な道具なのに、学校では、一切教えられず、世の荒波に投げ出されるのです。ですから、まず、よちよち歩きで投資をやってみて、成功し、小さく失敗し、学んでいけばいいのです。

そして、お金だけでなく、お金以外の人との関係も大切にしていきましょう。家族や友人、知人との関係を大切にし、物々交換、預けっこ、おさがりを通じて。そして、親のスネをかじって、いつか恩を返して。お金以外の生活や人生でも、一度しかないときを、目の前の大事な人と楽しもうじゃありませんか。

この本は「こりゃあ、お金を増やすようにしないとね」「でも、お金がない」「できない、どうすればいいの?」という声が聞こえてきたので、書いた次第です。自分の恥ずかしい投資姿勢を明らかにしてしまいましたが、実績を伝えるのは楽しくもあります。そう、投資は楽しいものなのです。

さあ、少額でもかまいません。チャリンチャリンと投資して、みんなで楽しく、豊かになっていきましょう。あなたの未来は明るいですよ。チャリ~ン。

石川貴康《いしかわたかやす》

石川貴康（いしかわ・たかやす）
不動産投資家
茨城県生まれ。早稲田大学政治経済学部政治学科卒、筑波大学大学院経営学修士。アンダーセン・コンサルティング（現アクセンチュア）、日本総合研究所などを経て、独立。本業は企業改革のコンサルタントで、不動産投資家としての顔も。現在、個人事業、複数の法人あわせて13棟のマンション・アパート、10戸建て、8借地を持つ。本業についての著作も多数。著書に『サラリーマンは自宅を買うな――ゼロ年世代の「自宅を買わない生き方」』（東洋経済新報社）、『いますぐプライベートカンパニーを作りなさい！』（東洋経済新報社）、『サラリーマン「ダブル収入」実現法――お金はもう自分でつくるしかない!!!』（小社刊）などがある。
連絡先：realsmarter@gmail.com

100円ちゃりんちゃりん投資
100円が101円になれば大成功！

2017年5月31日　第1刷発行

著　者　石川貴康
発行者　長坂嘉昭
発行所　株式会社プレジデント社
〒102-8641 東京都千代田区平河町2-16-1
平河町森タワー 13F
http://president.jp　http://str.president.co.jp/str/
電話　編集（03）3237-3732　販売（03）3237-3731
販　売　桂木栄一　高橋 徹　川井田美景　森田 巌
遠藤真知子　末吉秀樹　塩島廣貴
構　成　三田村蕗子
編集協力　池田純子
編　集　渡邉 崇
イラスト　すぎうら ゆう
ブックデザイン　秦 浩司（hatagram）
制　作　関 結香
印刷・製本　凸版印刷株式会社

ISBN978-4-8334-2233-8
Printed in Japan
落丁・乱丁本はおとりかえいたします。